JN050523

米騒動・大戦後デモクラシー研究会
井本三夫 著

米騒動・大戦後デモクラシー
百周年論集
III

世界の食糧騒擾と日本の米騒動研究

集
広
舎

装丁／design POOL（北里俊明・田中智子）

はじめに

食べて働くこととそれで生産したものを食べることは、循環する一対の過程であり、それが重ねられていくことで蓄積が生じ、社会が発展する。したがってその循環のどこかに乱れが生ずると、社会が乱れ食糧騒擾が起こる。食糧騒擾は社会変革と前後して起こるのである。

その過程を世界的な視野で編むことは、もちろん容易でない。したがって本稿の第1部を「世界の食糧騒擾」と題することの、おこがましさは重々身に沁みているが、米騒動研究を始めた時、東西の食糧騒擾と比較することを一つのモットーとしたところ、得るところが極めて多かった。その際のメモの書き溜めが始まりである。つまり必要から生じた私家版に過ぎないが、ひとにも役立つかもしれないとお見せする次第である。

二〇〇〇年頃から書き出したが、何度か中断し、その間に健康を害して今は図書館通いもままならないので、東欧圏や「新大陸」を含めていない上に文献は更新されていないものが多い。「一四世紀末～一五世紀初頭カイロ」の長谷部史彦や、明清期中国についての夫馬(ふま)進などは、本書に引用のもの以後も研鑽が重ねられていると思うので、読者が追加して頂ければ幸甚である。そのように改良していくためのたたき台として、提出させて頂く次第である。

井本三夫

目次

第1部 世界の食糧騒擾

第2部　日本米騒動の研究史

❖第Ⅰ集　目次

❖第Ⅱ集　目次

米騒動・大戦後デモクラシー百周年論集 Ⅲ

世界の食糧騒擾と日本の米騒動研究

第1部

世界の食糧騒擾

第1章　農業が始まって食糧危機・騒擾が生ずる

前史：真正共同体の時代

「農業以前の生産様式に飢饉が存在したという証拠はない[1]」、「原始的種族の栄養状態に関する研究には必ず、そこには臨床学的に見て食糧不足がみられないことが記されている[2]」と、有史以前の人間は比較的良好な食糧事情にあった[3]ことを、考古学的研究は教える。考えられる理由の一つは、自然の恵みのより豊かな所を求めて移動できたことで、「飢饉は移動する狩猟民と採集民の間では起こらなかった[4]」ことを資料は示している。しかし、もう一つのより一般的な理由は、共同体の結束が階級の発生で破られることが未だ起こっていなかったことである。「未開社会」調査の実写を見て最も印象的なことは、採集し捕獲した者に所有の意識というものが全く見られず、如何なる採集捕獲物も全員に分割されることである。真正の共同体というべきであろう。

未開社会に飢えが無く、農業が始まってからの社会にそれが生じたことを示すこれらの資料は、極めて教訓的である。有史時代の人類の飢餓・食糧騒擾（米騒動など）は生産力の未発達のためではなく、その発達が所有を生み、階級分化と支配を生じた結果であることが顕れているからである。

1　階級社会の抑圧機構としての国家が成立してはじめて都市が形成される

人類文明の中心である都市というものを見よう。都市は非農業人口が集中居住し、大量の農産物を消費する空間であるから、広い地域の農業生産者にその生産物を手放させ、恒常的に運んで来させる権力をもつ社会的統一体が形成されていることを示す。したがって都市は原始共同体ではあり得なかったばかりか、それが分解して族長が登場する段階になっても、多くの部族社会ができた時代でも、エジプトでいえば統一王朝以前には見出せない。これは都市が農耕地域の「絶対的余剰」の結果ではなく、「社会的余剰」によって、つまり支配による人為的収奪で生まれたものであることを示している。つまり都市は徹底した階級社会でなければ存在し得ないもので、それが無数に存在する今日の人類社会は、階級社会であることが大前提になっていることが、考古学的に証明された厳然たる事実なのである。

エジプトでは、経済的・軍事的に大きな力で他の部族を従属させ、南北二つの王国に統一された時点で初めて、王国の首都としてヒエラコンポリスの名が現れる(5)。すなわち徹底した階級社会の機構としての国家が成立してはじめて、都市が形成されるのである。幾つかの国家ができ、それらに同盟・従属関係ができて、より大きな国に統一されると、それぞれが国家と言わなくなるが、広大な農業地域からの収奪の上に成り立っていることに変わりない。そして「都市ができると同時に、行政・警察・租税等々、約言すれば共同体組織、したがって政治一般がいやおうなしに必要になる」[6]。

注目すべきことは、ウルク、テベ、モヘンジョダロ、ハラッパ、殷墟、テオティワカンなど、メソポタミヤ、インダス文明、中国などの極めて古い時代から壮大な都市が建設せられ、エリコやチャタルヒュックの発掘以来、都市の起源は一万年近くも前の新石器時代まで溯れると判った[7]。

エジプトの場合、南北両王朝の統一をなし遂げたメネス一世（前三一〇〇年頃）が設けた首都メンフィスは、白い城壁で囲まれ、地域的にも農村と画然と隔てられた立派な都市であった。（前二六一三年頃からの）第四王朝のクフ王の時には、最大といわれる有名なギゼーのピラミッドを築くのに一〇万人の人間が二〇年働いたといわれるから、それだけの非農業人口が集中し、それを広大な農村部の隷農・奴隷が支えさせられていたことになる。中国でも春秋戦国（前七七〇〜前二二一年）期になると、諸侯の城下や軍事要地にも大きな都市が出現している。

日本の場合は巨大な前方後円墳の出現するヤマトの王の国家統一の時代に、都市らしいものが形成され始めるが、王宮が転々と位置を変えた事情があって成熟のいとまが無く、平城京でようやく位置が固定するまでのどれをもって日本最古の都市とするかには幅がある。

2　都市へ押し寄せる飢民

このように都市は、国土の大部分を占める農耕地域から収奪した生産物が蓄積されている所だから、飢饉が生ずると飢民が都市へ向かって押し寄せることは不思議でない。これについては沢山の記録が、古代から各国に遺されている。エジプトでは、古王国末期第七王朝（前二一八一〜前二一七〇頃）にメンフィス地方で起こった民衆の押し寄せ[8]で、国営穀倉が開放された。地中海地域ではローマ時代に二五回の飢饉[9]を数えたが、（大農場などで拘束されている労働奴隷以外の小作奴隷・牧人奴隷をも含む）農民が都市に押し寄せ[10]、政府や貴族・大土地所有者に食糧を放出させることがしばしばで、あまり増えるとローマ市が法令を出して市民以外を追い出した。

記録の国、中国では周代（前一一世紀〜前三世紀）以来代々の飢饉記録が蓄積されており[11]、新莽期（八〜二三年）末年の全国数十回を超す飢民暴動[12]以後でも、前近代の飢餓暴動・反乱・食糧政策[13]を通覧すると、誘因は気象など自然条件とともに戦乱・異民族侵入が多い。広大な平原に延々と飢民の群れが続いて数千・数万の者が行き倒れ、赴く先々に社会不安を起こし、その混乱に乗じ彼らに賑給して兵にして乱を起こし、地方支配者や王朝の交替者になる者も現われる。したがって梁の恵王のように、「移民就粟」すなわち罹災民を飢饉の起こっていない地方へ誘導して、社会不安を減らす例も多かった[14]。

日本の場合、飢饉の記録は著者逸名の『飢饉通考』などに残され[15]、崇神天皇の六年（前九二）から八世紀末までの七〇〇年間に三九回余、九～一〇世紀の二世紀間には二十数回にのぼる。そのつど「京師飢う」、「京畿饑荒」と記され、長承三年～保延元年（一一三四～三五年）には、京都の河原寺・法勝寺の賑給（しんごう）に飢餓貧賤の「千万人集会」が生じたという[16]。東国の源氏の挙兵を利したという西日本大飢饉では、仁和寺の僧侶が治承四年～養和元年（一一八〇～八一年）の京都だけでも四万二三〇〇人の餓死者を数えたと『方丈記』にあり、寛喜二～三年（一二三〇～三一年）の冷害でも「各地の流民が京都に達」し[17]、律令体制が崩壊する古代末・中世成立期の荘園公領制[18]の成立に係わっている。

後醍醐天皇が笠置に潜幸する前年の元徳二年（一三三〇年）、京都に飢饉があり、この世紀の末までに数回、一五世紀は前半だけで五回以上ある。徳政一揆が大爆発するこの世紀の中葉にも、寛正の大飢饉（一四六〇～六一年）で、京での死者は八万を数えた[19]。以後は応仁・文明の乱、山城国一揆で室町幕府・守護制下の荘園公領制が崩壊し、在地領主層を幕藩制の領主・家臣に変え、下人・所従など（奴隷）を封建小農（農奴）にする時代が来る。飢饉の連続が食糧放出に終わらず、社会発展への役割を果たしていたのである。

3　都市内で発生する飢民、食糧騒擾の始まり

以上のように、洋の東西を問わず飢民が都市に向かって押し寄せたのは、そこに彼らが生産した農産物が蓄積されていた故に他ならないが、都市内自身でも飢民が発生する。

（1）都市内での商業と食糧騒擾の発生

都市内では農村から収奪した農産物の配分・流通の必要から商業が発生する。マルクスも商業の古代からの存在を指摘しているが、儲けを再投資することで資本を拡大して貧富の差が生ずる。

メソポタミヤのウル（前二六〇〇～前二一〇〇年）のような古代都市の内部にも貧民の存在が指摘され、異変の時期には投機的に値がつり上げられて、食糧騒擾が始まる。前漢の武帝（前一四〇～前八七年）は価格変動を抑えるため平準令と呼ぶ官吏を置き、穀価安定のため常平倉を初めて試み、当時書かれた司馬遷の『史記』も経済事情を扱った巻を平準書と名付けている。エジプトの第二〇王朝時代末期（前一一世紀）の「飢饉」期[20]には、食糧の値が上がり続けるので人々は金を得ようと寺院や墓を盗掘したとある。エジプトでは最後の王朝まで貨幣を用いず、物価は金属の重さへの換算で決められていたから、最も値の高い金の祭器や副葬品が狙われたのである。

(2) 都市への輸送問題が権力の維持を左右

都市は大量・恒常的に農産物を消費し続ける存在であるから、そこへの輸送の確立・保全が重要問題で、中国やローマのような大帝国の首都では殊にそうであった。

三国期の呉の時代以来開発が進んでいた揚子江下流域を、隋（五八一〜六一七）の煬帝が大運河を作って黄河中流と結び付けたことは、東南地方の生産を刺激し、短命な隋の後をうけた唐を安定させたので、唐の中央政府は年々大量の米をこの運河で長安の都に運び込んだ。後漢以来歴代王朝の不安定の背後にあった食糧問題は、これによって一応解決したが、今度はその運河の補修と輸送力維持が、国家の命運を決することとなった。開封がこの運河の要衝で糧食輸送の鍵を握っていたから、唐室が開封の節度使に任じた朱全忠は、長期の水災・旱魃で農民反乱[21]が発生する中で自ら開封を封鎖して権力を奪った（九〇七年）。以後、この開封が五代五十年、北宋の時代を通じて首都となる[22]。

4　古代地中海世界の食糧騒擾

(1) 穀物輸入の商工文明としての地中海世界

ギリシャ・ローマなどの地中海世界は交易に適する一方、夏季の雨量を欠いて穀作に適せず平野も少ないので、ブドウ酒・オリーブ油・陶器などの手工業を盛んにし、それらを輸出する見返りに黒海方面などから小麦を輸入する、穀物輸入依存の商工文明であった。殊にアテネとローマは、古代・中世に一般的だった家内奴隷や家父長制的奴隷以上の、労働奴隷[23]をその手工業・農業に用いていた。アテネや首都ローマではその労働奴隷の存在率が高く、アテネでは室内の手工業場で、ローマでは大農場で用いていた。お蔭で大商工都市になり、又その奴隷を獲得すべく戦争に出かけて植民都市を建設し、そこで穀物生産もする形で世界に覇を成した。

しかし、その商工業で自由市民が階層分解し貧困化する一方、穀物輸送が海賊や属州の離反・奴隷反乱・異民族侵入などでしばしば乱れ、本国市民が飢えることとなった[24]。

(2) アテネの食糧騒擾

アテネは前五世紀以来、穀物を完全に輸入に頼っていたが、民主政期でもある前五世紀の大半、つまりエーゲ海を支配していた時代は、長距離穀物輸入とくに黒海方面からの輸入路を守れていたから、食糧危機は殆ど見られなかった。ところが前四世紀以後、海軍力が弱まり周辺諸国との平和が乱れると、輸送が途絶し食糧危機が多発し、特に前三三八年のカイロネイアの闘いで始まるマケドニア人支配の時代にそうであった。ヘレニズム時代は文献資料が欠けているが、「寡頭政体下における食糧暴動は、表面に現れてくる以上に多かったのではないかと思われる[25]」。

貴族たちが海上貿易と副業の海賊行為で得た資産で高利貸しを始め、耕作農民の土地を取り上げて小作人や奴隷に転落させるなど、富が少数者に集中し、最盛期だった前四世紀に八〜一二万いたと推定される自由市民の大半が貧困化していたといわれる。

(3) ローマ市の食糧騒擾

ローマ市の場合、その世界制覇が食糧政策と基本的に結び付いていたことは、帝国の境界線の多くが古代の小麦産地のそれと一致していたことで判る。[26] ローマはよく知られる道路網の発達にも拘わらず、その供給が途絶え首都の民衆が飢えたのは、自然的誘因だけでなく、輸送経路上での海賊横行や属州離反・奴隷反乱・異民族侵入などで停止したからである。前五〇九年〜後三八四年に少なくとも九年に一度、中でも前一二三年から前五〇年にかけては、およそ五年に一度食糧不足に悩まされ、前四四〇〜前四三九年と、前四三六年から二〇年続く飢饉期には、多くの市民が市内を貫流するテベレ河に身を投げた。[27]

共和制とはいえ実権を握る貴族・騎士が土地を占取して奴隷制大農場主となり、穀物輸入にも投機する。初期には基本的な形態だった自営農民は市民の義務として（自前の武装で）侵略戦争に駆り出されて貧困化し、コロヌスと呼ばれる隷属小作や日雇農夫に転落していた。この転落農民たちがローマ市内に流入し生活保護を受けねばならない状態にあったのが、市内人口の二〇％を占める「プロレタリー」（無産市民）である。[28] 前三世紀末の第一回ポエニ戦期にも、最初の皇帝アウグストゥス（前二七〜後一四年の初代皇帝オクタヴィアヌス）での元首制の成立（前二七年）に先立つ戦争内乱で頻繁に食糧供給が途絶え、前七五年には飢えた群衆が執政官をローマ市内の路上で襲撃し、[29] カエサル殺害後の時期には食糧危機・食糧騒擾が政争と直結した。紀元後でも民衆抗議や「飢饉」のクライマックスには市内で一日一万人が死んだ。[30] ローマ市が最大規模に達したクラウディウス帝（後四一～五四年）の頃は、（奴隷三五万の他に）九五万の自由市民がいたが、既にアウグストゥスの頃から、その自由市民の内の二一万が「プロレタリー」になっていた。

しかしローマ時代の抗議は非暴力的なものが多く、暴力的なものが問題になり得たのはローマ市内だけで、[31] 危険なものになったのは皇帝たちが他所に移動して政治的空白が生じた後期帝政、つまり古代末期だけである。「プロレタリー」たちは自由市民で投票権を持っていたから、投機家でもある貴族・大農場経営者・大商人たちが政務官のみならず穀物委員にもなって、奴隷経営や国家予算を操った儲けで、「プロレタリー」たちに食糧を施し、血なまぐさい剣闘士試合を提供して人気を得ていた。自分は奴隷と対極の「自由市民」という意識の「プロレタリー」たちは、近代のプロレタリアとは異なり支配層への寄生者だった。したがってその食糧騒擾は、政治制度の変革に繋がるものではなく、テベレ河に集団自殺するような虚無的なものであった。

生産停滞と三、四世紀の内乱で衰微したローマ帝国が、ゲルマン民族侵入を機に五世紀に崩壊して後は、中央政府や交通・輸送手段のネットワークが消滅崩壊したので、都市も小集落を残す程度まで殆ど消滅し、古代の食糧騒擾もまた姿を消す。

（4）パンの計量・価格統制の始まり

東アジアで米などを原形のままで食べるのと異なり、パンは穀物の種類・質が見えない上に、挽き方や燃料費の変動なども絡んで値の付け方が厄介である。したがって扱いに工夫が必要で、ローマでは二七五年頃、アウレリウス帝が市民に直接穀物を配給するのをやめ、パン屋を通してパンを配給することにし、品質規格ごとにパン価を固定して、麦の価格変動に応じてパン重量を増減させることにした。以後、皇帝は毎日、品質規格ごとにパンの重量を定め、食糧調達長官とその部下にパン屋を定期的に巡察させ、市民も日々受け取るパンの重さで、その時々の食糧事情を感じ取るようになった。パンという第一の生活必需品が少なくとも価格が固定しているので、（そのパンが小さく軽くなる日があるにせよ）市民たちに我慢の習慣ができ、食糧騒擾を防ぐ賢明な方法であった。その故か、この統制法は東ローマ帝国のコンスタンチノープル（三三〇年建設）でも四世紀末前に採用されて、ヨーロッパに広まり、一四世紀まで続くこととなる[32]。

本章のまとめ

未開社会では採集し捕獲した者に所有の意識というものが全く見られず、如何なる採集捕獲物も全員に分割される、真正の共同体である。それに対比して都市は、非農業人口が集中居住し、大量の農産物を消費するから、広い地域の農業生産者にその生産物を手放させ、恒常的に運んで来させる権力をもつ、徹底した階級社会でなければ存在し得ない。都市の起源は一万年近くも前の新石器時代まで溯れるが、それが無数に存在する今日の人類社会は、階級社会であることが考古学的に証明されているわけである。

こうして都市は、国土の大部分を占める農耕地域から収奪した生産物を蓄積しているところだから、飢饉が生ずると飢民が都市へ向かって押し寄せることは、古今東西の歴史上、枚挙にいとまがない。しかし都市内自身でも食糧騒擾が発生する。都市内での分配・流通の必要が商業を生むが、商人は投機的に利を狙うから階層分解で買えない貧民が生じるのである。

地中海世界は交易に適するが夏季の雨量を欠いて穀作に適しないから、アテネやローマは労働奴隷を使うまでに手工業や大農場を盛んにし、ブドウ酒・オリーブ油・陶器などを製造・輸出して、黒海方面などから穀物を輸入すべく植民地を拡大したが、そこでの反乱や輸送の乱れのたびに貴族・騎士など支配層がそれを投機的に利用したから、無産化した自由市民（プロレタリー）が食糧騒擾を起こしたり、河に集団身投げしたりした。

註

（1）J.Harlan, *Crop and Man* (Madison: America Society of Agronomy and the Crop Science Society of America, 1975), p. 59.

（2）ジョーズエ・デ・カストロ著／国際食糧農業協会訳『飢えの地理学』理論社、一九五五年。

（3）M.N.Cohen,"Prehistoric Patterns of Hunger", in *L.F.Newman(ed) Hunger in History: Food Shortage, Poverty, and Deprivation,Basil Blackwell,* Oxford, 1990, pp. 78-79.

（4）W・A・ダンドー著／山本正三・斎藤功訳『地球を襲う飢饉――その歴史と将来展望』大明堂、一九六八年、八三頁。

（5）アーサー・コーン著／星野芳久訳『都市形成の歴史』鹿島出版会、一九六八年。

（6）「ドイツ・イデオロギー」（『マルクス・エンゲルス全集　第三巻』大月書店、一九六三年、四六頁）。服部文男監訳『［新訳］ドイツ・イデオロギー』（新日本出版社、一九九六年七月版）では六六頁の末尾の二行に相当。

（7）藤田弘夫『都市と権力――飢餓と飽食の歴史社会学』創文社、一九九一年、五八頁。

（8）屋形禎亮「『神王国家』の出現と『庶民国家』」（岩波講座『世界歴史1　古代1』一九六九年、五五頁）。「イプエルの訓戒」（『筑摩世界文学大系1　古代オリエント集』筑摩書房、一九七八年、四五〇頁）。

（9）A.Key et al.,*The Biology Human Starvation* (Minneapolis: University of Minnesota Press,1950), pp. 1248-1249.

（10）A.Jones, *The Later Roman Empire, 284-602* (Norman: University Oklahoma Press, 1964), pp. 795-810.

（11）宮崎市定「食糧から見た中国史」（『アジア史研究』第三巻、京大文学部東洋史研究会、一九六三年）。

（12）『資治通鑑』及び『前漢書』王莽伝。

（13）鄧雲特著／鮫島国三訳『中国救荒史』第三章第一節「三、農民の暴動」。

（14）郎擎霄著／井東憲訳『支那食糧史』大東出版社、一九四一年、二二八～三四頁。

（15）中島陽一郎『飢饉日本史』雄山閣、一九八一年、三頁。

（16）西東秋男『日本食生活史年表』楽游書房、一九八三年、一七頁。

（17）同右、二〇頁。

（18）網野善彦「荘園公領制の形成と構造」（竹内理三『体系日本史叢書6　土地制度史1』山川出版社、一九七三年）。

(19) 前掲、西東秋男『日本食生活史年表』一七〜二二頁。

(20) P.Monet, *Eternal Egypt* (New York : The New American Library,1964), p.77.

(21)『唐書』諸帝本紀及び列伝。

(22) 前掲、宮崎市定論文。

(23) 例えば弓削達『地中海世界とローマ帝国』（岩波書店、一九七七年）一九〇〜九七頁。一般の家父長制的又は家内奴隷制の他に、手工業・大農場・鉱山で働かせる労働奴隷制を古代に有したのは、地中海世界など限られた地域にとどまるらしい。それを社会の生産様式とするところまで発展させていたのは、古典期・ヘレニズム期のアテネ型ポリスや、共和制後期から帝政初期のローマなど少数の国家にとどまると指摘されている。又この労働奴隷制が捕虜、売買による異種族、債務・犯罪等によることから見て、奴隷の身分的本質が当該社会の共同体に所属していない、又は失格したことによるという説を裏付けるように思われる。例えば太田秀通『奴隷と隷属農民——古代社会の歴史理論』（青木書店、一九七九年）九七頁及び一〇〇頁を参照。

(24) ピーター・ガーンジィ著／松本宣郎・阪本浩訳『古代ギリシア・ローマの飢饉と食糧供給』白水社、一九九八年。

(25) 同右、一二二頁及び一七九〜八〇頁によれば、総人口は一五〜二〇万。「奴隷についての数値は、一般には価値がないと考えられ」ているが、前三一七〜前三〇七年のどこかの時点で行われた唯一の人口調査の中に四〇万とあり、エンゲルス『家族・私有財産および国家の起源』（一八八四年）は、これに似た三六万五〇〇〇の奴隷、四万五〇〇〇の保護居留民（外国人と解放奴隷）、自由市民九万という数字を引用し、自由市民の大部分が貧困化していたとしている。都市人口中に奴隷の占める比がアテネで特に高かったのは、農場で分散して使うのでなく、室内の手工業などに集中して用いた都市国家の特性の反映と言われる（前掲、藤田弘夫『都市と権力――飢餓と飽食の社会学』五八頁）。

（26）レイ・タナヒル著／小野村正敏訳『食物と歴史』評論社、一九八〇年、五二頁。

（27）**M.Rostouzeff,** ***The Social & Economic History of the Roman Empire*** **(Oxford: Clarendon Press,1926), pp.528-529, 590.**

（28）土井正興著『新版　スパルタクスの蜂起――古代ローマの奴隷戦争』青木書店、一九八八年、五二一～五二三頁。

（29）同右、七七～七八頁。

（30）前掲、W・A・ダンドー『地球を襲う飢饉』九頁。

（31）前掲、P・ガーンジィ『古代ギリシア・ローマの飢饉と食糧供給――ギリシア・ローマ時代の政治と都市の社会学的歴史』四四～四九頁、三一四～一五頁及び第五章。ポール・ヴェーヌ著／鎌田博夫訳『パンと競技場――ギリシア・ローマ時代の政治と都市の社会学的歴史』法政大学出版局、一九九八年。

（32）フロンソワーズ・デポルト著／見崎恵子訳『中世のパン』白水社、一九九二年。

第2章　中世末・ルネッサンス期の食糧騒擾

1　中世西ヨーロッパの発展

（1）中世西ヨーロッパの農業発展・取引と社会変革、民衆の闘い

西欧の中世はゲルマン人流の土地利用で、大土地所有地と（人口の八〇～九〇％が農奴の）荘園に分けられ、自給自足を基本に出発した。七～九世紀のカロリンガ朝期に余剰農産物の売買が始まり、聖俗の大所領間の物資流通と市場搬入があって、土地所有農・保有農の中にも余剰農産物を近隣の領主に売る者が生じた。聖職者までを含むこれらの層の投機的取引のため、例えば七九二～九三年の飢饉の際は穀価が暴騰した。フランクの諸王や教会諸施設は飢民・貧窮民の救済に努め、例えばカール大帝は穀価統制・穀留めを命じ、商業目的でない運搬に通行税を免じて余剰地からの輸送の便宜を図った。ルードヴィッヒ敬虔帝も穀留めその他の禁令を発している。

しかし余剰農産物を売却できる土地所有農・保有農は一部で、一般農民の生活水準はまだ驚くほど低かった。高い封建地代を負わされ、農業好況期でも剰余を得ることが少なく、相続のたびに土

地が細分化して小経営化して[3]生産性が低く、気候不順・家畜疫病などの要因で、凶作・「飢饉」が西ヨーロッパでも頻発した[4]。

その中でライン河とロワール河の間の地域が中核的な役割をし、穀作増加と耕地の集約化で[5]、アルプス以北では農業技術の発展（重い土の耕運ができる新しい有床犂、馬鍬、馬の首輪、牛の額革の形をした新しいくびき、二輪から四輪馬車へなど）と、いわゆる三圃制農業への移行が始まった。土地利用を冬作・夏作・休閑の三年周期で行って土地に負担をかけず、休閑地は放牧に使うから、従来の長期休閑の二圃制・穀草方式より三分の一高い収穫を得た。又その関係で村域内の協働が生じ、耕地の新編成や、拘束力を伴い領主の同意する耕地規則・（一定の耕地・共有地利用権を持つ標準単位を規定する）フーフェ制などが生まれ、自治権をもつ欧州村落共同体の基本構造が形成された。これ等による穀作強化は、七世紀以来の森林・荒地の開墾と相俟って定住圏を拡大し、人口を一二～一三世紀に頂点に達せしめ、西ヨーロッパを経済の中心とした。古代地中海文明の栽培法や輪作法にこだわる南欧の人口が、一七〇〇万から二五〇〇万人になる西暦一〇〇〇年から一三四〇年（ペスト大流行直前）の間に、西・中部欧州は一二〇〇万から三五五〇万人へ三倍化した[6]。

この基礎の上に一三～一四世紀の西欧では、英国で一二一五年のマグナ・カルタ制定、一二四〇年代以来のハンザ貿易発展、イタリア北半・フランドルの毛織物手工業・交易で都市が発展し、一三〇二年フランスの三部会開設、一三二二～二八年のフラマン民衆の闘い、一三五八年のフランスのジャックリーの乱、フィレンツェの一三七八年のチオンピ（梳毛工）の乱、フランドル・北フランスから南仏リヨンまで及ぶ租税拒否騒擾、イングランドのワット・タイラーの乱、ネーデルラント反乱に代表される一三七八～八二年の「革命の五年間」などの時代となった。この「一四世紀の民衆革命」は、都市の門閥支配層に対する広範な市民闘争という意義が指摘される。

(2) 格差拡大と価格規制

一三世紀からの土地収穫の上昇、農業の集約化で飢饉の数も減少したが、商品化も拡大していたから、穀物取引はますます規制を要するものになっていた。イングランドでは一三世紀にヘンリー三世が、市価が一定以下でない限り穀物の輸出、食糧の先買い・仲買を禁止した。フランスでもフィリップ四世(端麗王)が一三〇五年、〇七年に穀物輸出・買い集めを禁止し、最高価格を設けた(この制度はフランスでは永く効力を持ち、一七、八世紀にむしろ強化される)。どの都市も二マイルの禁制里程をもち、その中ではその都市の者だけが穀物を買うことができたが、パリ周辺ではその禁制里程が七～八マイルであった。このように王権の確立していた英仏では、一三～一四世紀から統一的穀物政策が取られていたが、ドイツでは[7]皇帝フリードリッヒ・バルバロッサによる一一五二年の帝国治安法が、皇帝による穀物取引規制の最後で、その後は価格規制は都市の問題として領邦国家に任されたので、住民まずギルドに安価・十分な食糧を確保するように規制がなされた。

この時代の欧州の都市人口は(フランドルと北伊のロンバルディアを別にすれば)、平均して総人口の一〇%に過ぎなかったが、都市内に日雇い層が生じ始めていたから、食糧供給・物価・賃金や雇用条件に規則を設ける必要があった。有力商人・両替商・金融業者など（都市貴族とも呼ばれた）富裕層は、（資産・収入への課税より）庶民に払わせる「消費税」を好むから、財政ことに税関係で富裕層・市民間の闘争が頻発し、都市住民に切実な穀物価格が一三世紀にはしばしば騰貴し、食糧騒擾が始まった。

2　一三〜一四世紀、イタリア北半の食糧騒擾

ただし広範な国土を統一している国家では王権が農産物を商品化する階層より強く、価格や流通を規制していたから、食糧価格の問題はフランドルやイタリア北半の都市国家で頻発した。毛織物工業繁栄の交易都市であったが、穀物を遠路の輸入に依存し、商業資本が利に走るのを規制する政治勢力がない都市国家だったからである。

(1) 一三世紀からのイタリア北半

中世にイスラーム勢力によって、イベリア半島から西アジアに至る世界商業が成立し、ヘレニズム期以来オリエントに蓄積・発展させられていた知的遺産が地中海沿岸を潤したので、イタリア半島北半には中世末から都市国家が発展した。半島南半は直接イスラム教徒に侵入され、それを追い払ったノルマン人の騎士たちの建てた南北シチリア王国、それを継ぐナポリ王国が専制的だったの

で、自治都市は発展しなかったが、北半はフランク王国領内でその農業発展の恩恵に浴し、台頭しつつある北ヨーロッパ市場への販路も開けていた。したがってイタリア北半は欧州市場・レヴァント（地中海東部沿岸）・ビザンチンを結ぶ東西遠隔地交易の結節点となり、北アフリカ・スペイン産の（一四世紀にはイギリス産も加わる）羊毛を輸入して織り、輸出する手工業都市が発達し、絹織物工業もイスラーム治下のシチリア経由で学んでいた。

イタリア北半の領主制の崩壊は一〇、一一世紀から始まり、初め封建貴族と一部大町人による門閥市民の支配する貴族的コムーネ（都市共同体）が成立し、富裕大市民・下層市民が次第に参政資格を拡大したが、富裕大市民は主要手工業の大ギルド（アルテ・マジョーリ）企業家で都市貴族とも呼ばれ、都市とコンタード（都市所属農業地）の土地・諸特権を独占したので、一般市民の共和制への闘いが活発化した。一二一八年のピアチェンツァでの対立に始まりパルマ、ボローニャ、ヴィチェンツァ、ヴェローナ、ミラノなどを中心に、都市共同体規約の改革を迫る毛織物職人などが闘い、下層市民の食糧問題と不可分であった。[8]

（2）北伊一三世紀の食糧騒擾とフィレンツェ共和制

夏季の雨量を欠いて穀作に適さない地中海世界のため穀物は輸入だったから、富裕大市民は他の都市国家や外国との競争に勝つためにも、都市周辺の農業とともに穀物貿易をも独占していた。[9] 山が海に迫って入江が深い良港だが後背農村のないジェノアとアマルフィ、島と洲の上にできたヴェネッツィアなどは殊にそうで、当時の一ヘクタール当たりの人口密度を見ても、ブリュージュ（フランドル）で八一人、パリが一八〇人であるのに対し、ジェノアは五四五人[10]にも達していたから食糧問題は激化した。

始まりは一二五〇年七月のピアチェンツァで、九月にフィレンツェで手工業労働者が蜂起し、市民が権力を掌握した。一二五五年のパルマ、一二五六年のボローニャ、一二六二年のシエナ、一二六六年に再び起こるフィレンツェ、そしてやや間をおいて起こるピストイア、ペルージャ、キエーリなどで、都市貴族たちの食糧投機や欠乏下での輸出を弾劾する。

フィレンツェ（一三〇〇年頃の人口は九万五〇〇〇で、ヴェネッツィア・ジェノアと同程度或いはそれ以上だった）は一二八二年、市の監督権がドイツに本拠を持つ「神聖ローマ皇帝」に属していたのを廃棄し、ギベリニ（皇帝党）の権力を剥奪、都市貴族をも政権の座から駆逐して共和制自由都市を樹立した。今もフィレンツェの中心に立つヴェッキオ宮（当時シニョーリア宮と呼ばれた）は、このとき共和制の象徴として建設されたもので、短期とはいえ民主主義的権力を樹立したこれらの都市共和制運動は、先駆的意義を持つものである。ミケランジェロが有名なダビデ像を立てたのがこの宮殿の前面であることは、いわゆるルネッサンス文化がこのような民衆の闘いの上に成立したものであることを象徴している。

（3）北伊一四世の食糧騒擾

イタリア北半都市の食糧騒擾を核とした民主主義の闘いは一三一四年の飢饉時にも、同じトスカナ地方の絹織物で栄えたシエナを中心に再発する。「われわれを飢えさせた犬たちに死を」と市民が武器を手に富裕大商人層を襲い、市民・親方・職人たちが都市を越えて連合した。

コーラ・ディ・リエンツォが一時的にローマの権力を握った一三四七年は、深刻な飢饉期だったから、イタリア北半の多くの都市で食糧騒擾が起こった。ヴェネツィアは三七年の暴風雨・地震以来インフレーションだったから、この四七年の食糧騰貴で混乱の巷と化した。フィレンツェでも飢饉の四四〜四六年に、威嚇事件や羊毛労働者のアルテ（同職組合）争議・ストライキで絞首刑まで受け、四七年に貧民四千が餓死して人口の六割以上を救恤せねばならず、織布工が大羊毛商人の屋敷を襲撃した。フィレンツェとローマの間の教皇直轄領オルヴィエートでも、近隣諸都市との対立の一方、下層市民の反乱と貴族反動の交替が繰り返されたが、穀物投機疑惑で食糧問題が民衆の不満を決定的にし、市当局は四七年三月に慰撫に転じた。

フィレンツェでは一三六〇年以来の凶作による食糧騰貴、毛織物業でのイギリスとの競争による賃金低迷に、ピサとの戦争（一三六二〜六四年）の出費を市民の税金に転嫁したこともあって、一三六八年にも五百人が穀物商を襲い、一二八二年の共和制を記念する前述のシニョーリア宮殿（ヴェッキオ宮殿）の前で「民衆万歳」を叫んで、一六人が処刑された[11]。

穀物問題とイギリス産羊毛原料の不足は、一三七五年にもフィレンツェなど中部イタリア都市を悩ました。民衆がゲルフ党（教皇党）に反抗的であることに業を煮やした教皇グレゴリュウス十一世も貿易妨害を行ったので、その七月二〇～二一日の対執政会蜂起でも穀物を略奪し[12]、近隣農村に有する全穀物が市内に運び込まれ、粉引き税の抑制も行われた。フィレンツェはこの年から有名なチオンピ（梳毛工）の乱の七八年まで、対教皇庁戦争を続ける。当時フィレンツェ人口の三〇％は無所有で税免除の、一日一六～一八時間の長時間労働でも暮らせない低賃金であった。一四世紀の人口が一〇～一二万だったなかに、九〇〇〇～一万二〇〇〇もいたチオンピは、手工業段階での本来的なプロレタリアだったのである。

まとめ

一三～一四世紀イタリア北半都市の民衆運動は、市政独占の上に輸入穀物を投機的に左右する富裕大市民に対する闘いだったから、食糧騒擾と一体でフィレンツェその他に短期とはいえ民主的共和制を樹立した、手工業時代の都市プロレタリア運動だった[13]。いわゆるルネッサンス文化は、その闘いの上に花開いたものであることを忘れてはならない。

3　一三～一四世紀、フランドルなどの食糧騒擾と、小氷河期への転換

（1）フランドル一三～一四世紀の食糧騒擾

フランドルでもイタリア北半に似て毛織物商人が幅をきかし、その製品はバルト海経由でロシアまで、ドーバー海峡経由ではイギリス、スペインをへて近東オリエントまで輸出されていた。原料には英国産羊毛を最良として輸入し、穀物はバルト海方面から輸入していたが、それぞれの仲介業者が利を貪るので、終日糸紡ぎする女工や、爪まで青くしている染色工や重労働の織布工・縮絨工たちが蜂起することになった。

一二二五年以降ヴァランシェンヌ市での都市貴族への反乱、ドゥエ市の四五年のストライキ、ルーアンの綿布労働者の騒擾、アラス市の一二五三年の不穏などで、同世紀中葉にはブラバントやリエージュ地方にも広がった[14]。散発的だったこれらの騒擾が、多発的に共鳴し合うように変わったのは一二七五年頃からで、輸入原料の羊毛にイギリスが税をかけ、企業家の都市富裕層が賃金圧迫・労働強化をしたので、ガン、アラス、イーペル、ブリュージュ、ドゥエ等で毛織物労働者・織維労働者の暴動が相次ぎ、八〇年代にはコブレンツなどラインラントにも広がっていく[15]。農村の毛織物業と競争しつつ発達したドゥエ市では、一二九六～一三〇六年に数回の騒擾、一三二二年にも食糧騰貴と暴動が起こり[16]、海岸部でも一三二三～二八年に反乱が起こっている。一四世紀半ばのガン市には四千人の織布工と一五〇〇人の縮絨工がいた。

(2) 北フランスの場合

北フランスの都市でも一三一六年秋に食糧騒擾が起こっている。毛織物業の危機とシャンパーニュ大市の衰退による賃金問題・失業に、食糧騰貴が加ったもので、パリ東方六〇キロのプロヴァン市で労働者がパン価格から反乱を起こした。しかしフランスの場合、王権による国家形成が一四世紀直前にできていたから、イタリア北半やフランドルの都市国家と異なって価格・流通を規制した。フィリップ四世が一三〇五年、〇七年に穀物輸出・買い集めを禁止し、また最高価格を設けたのが一八世紀まで効力を持った。都市内ではその都市の者だけが穀物を買うことができ、その禁制里程は普通二マイル（パリの禁制里程は七～八マイル）であった。

しかし広大な国土の行政が財政を圧迫するので、フィリップ四世は何度も貨幣改鋳を繰り返し、一三〇一年以来パリに物価騒擾を引き起こした。殊に〇六年には三九％平価切り下げで物価暴騰を招き、（パリの人口は二〇万に近づいていたので）家賃など三倍に暴騰して翌年一月には暴動化し、平価切り下げの発案者の邸を破壊・略奪し、国王の宮殿を包囲した。武力で解散させられたが、首謀者が捕らえられなかったので、見せしめに主要手工業部門の各々から一人ずつ計三八人の親方を絞首刑にする暴政が行われた[17]。

（3）「小氷河期」へ向かう欧州各地

このように食糧騒擾を含む騒動が、北フランス・フランドルを中心に、一三一六年の大飢饉以後始まったのは、「飢饉」で貧民の死亡率が一三世紀末から高まっていたところへ、一三一五年の不順気象（長い冬、多雨の夏）とそれによる氾濫が襲ったからである。西・北欧に共通の気候不順で一七年まで長期化し、穀物価格が天文学的高さに達した破局地域が、英仏独からバルト海沿岸をこして東欧・スカンディナヴィアまで及び、山岳部と共に北欧に顕著であった。気候学的に一三世紀末から「小氷河期」に転じていたことが、湖水凍結・花粉分析などから証明されている。

(イ)この大飢饉で北フランス・フランドルでも数千の貧民が死んだが、一三一六年の秋、パリ西方六〇キロ程のプロヴァン市で、パンの高値で労働者の反乱が起こったのは、毛織物業の危機とシャンパーニュ大市の衰退による賃金・失業問題が、食糧騰貴で深刻化したのである。ネーデルラントでも穀物価格は通常の一二倍、時には二四倍にも跳ね上がっていた[18]。フランスで食糧騒擾が起こっていたのに、イーペルなどフランドル都市にそれが起きなかったのは、ガンその他で穀物を恒常的に買い集めていた大穀物商人が、都市中心の穀物供給政策を実施したためであろう。

(ロ)スペイン北部カタロニア地方のバルセローナでも、不作の一三三三年のクリスマス前の騰貴時に、「市当局が小麦を隠し、それを民衆に分けようとしない」と民衆をけしかけていると一修道士が告発されたが、彼を告発した市参事会員・富裕者たちの邸宅は破壊・略奪され、国王の代官は逃亡した。それに対しカタロニア総督となった国王の息子が、裁判・法規もなしに拘留者を拷問し一〇人を絞首刑にした[19]。イングランドでは、市価が一定以下でない限り穀物の輸出・先買いを禁止した統一的な政策が一三世紀来続いていた故であろうが、食糧騒擾は一三四七年に一度記録に見られる程度であった[20]。

(ハ)ドイツとバルト海沿岸の状況・都市共同体の形成・階層分化がドイツではやや後れたが、新興の富裕市民・平民が領主に自治を要求し、富裕市民の市政独占に移っていった。ハンザ貿易などによる富裕市民の財力は主に一三世紀に造られて北ドイツで目立ち、それに一二世紀以降ツンフト（同職組合）連合が対抗することで、一三世紀末に都市改革が始まった。主要手工業の少数代表が、富裕市民の代表が大部分の市参議会に入って、都市「革命」の波を（ネーデルラント改革の影響下に）一二二七年にウルム、三〇年にシュパイアー、レーゲンスブルク、三二年にマインツ、シュトラスブルク、三三年にブレスラウと広げ、世紀半ばには一般化する。[21]都市内対立はイタリア北半やフランドルほど激しくはなく、商業的なハンザ都市など北ドイツ・中南部は富裕市民維持、南西ドイツは手工業者勝利の、過渡的均衡で一四〇〇年頃には（ハンザ地域は別として）手工業者が政治参加していた。バルト海沿岸は穀物輸出地帯だったので、これらが早急に食糧問題に結び付くことはなかった。

4　中世末イスラーム都市の食糧騒擾

地中海東辺・中東域では河川オアシスに古代から農業・文明が栄え、灌漑や冬の降雨が集約的農業を可能にしてきたが、成功は水の合理的分配にかかっているので、灌漑設備・運河システムの建設に労働力を統一的に指揮する必要から、国家権力が農業に関わり、農（畜）産物の商品化にも施政権者が関わっていた。食糧騒擾については長谷部文彦[22]のカイロ（一四～一五世紀）についての研究があり、B・ショシャンの研究なども引用している。[23] 以下で「　」を付すのは長谷部の文の引用である。

（1）一三世紀末からのカイロの食糧騒擾

カイロはインド洋に通ずる航路を地中海世界に繋ぐ国際集散都市である上に、ナイルの水量に周辺農業が決定的に依存しているため、農産物への投機が生じ易い。ナイロメーターなる標柱が設置され、七〜八月の水位がどの高さに達するかで収穫の豊凶が予想され、主食のパン・そらまめの価格が敏感に変動する。このようなカイロでの食糧騒擾は、旱魃・蝗害・風害の重なった一二九五〜九六年の大飢饉に誘発され、一三世紀末からでイタリア中北部についで早かった。エジプトでは一二世紀末一一九九年にも飢饉があったらしいが、古代はどうだったであろうか。

物価が上昇すると民衆は支配の府である城塞の下に集まって抗議し、ムスタスィブ（市場行政官）の罷免などを要求し、その際「神意性」を象徴するコーランとムスリムの旗を掲げることで「弾圧を困難に」した。スルターン側近の者が現れて「要求は何か」と訊き、「ムスタスィブを解任してくれと、スルターンに伝えよ」と言うと、すげ替えられるのが普通であった。「統治者であっても一人のムスリムに過ぎないという社会通念」のイスラーム社会で、スルターンも住民にとって「隔絶した存在ではありえなかった」から、スルターンは市内騎行中しばしば直訴され、辛辣な言葉を浴びせられたりもする。したがってイスラーム社会の通念に沿って、サダカ（喜捨）や食糧配給をし、ナイル増水のため祈禱や断食に人々を組織する一方、「価格は神の手の中にあるのだから誰も穀物の価格について語ってはならない」と言い逃れたりもする。

下（南）エジプトは貢租が金納だったから農産物は商人層の手にあったが、物納だった上（北）エジプトではスルターン、アミール（軍司令官）たちに納められ、彼らから問屋商人に売られたので、彼らが財力ある商人や穀物商に強制販売を要求をしたり、その財産ことに遺産を没収したりし、戦費や配下への手当に用いたりした。封建支配層が物納貢租を保有して商人が独立性を保てなかった点は、石高制下の日本近世に似ている。ムスタスィブがすげ替えられ価格統制や強制販売命令が出ても、穀物保持者であるスルターンやアミールの倉庫が開かないと問屋商人に流れないから、カイロでは高値の密売が増え、下（南）エジプトからの商人が運んでくる穀物を二万もの男たちがナイル河畔で待ち、荷揚げ場で分配するようになった。パン屋・製粉所などが攻撃されるときにはズールーなる無頼集団が加わって、食糧に関係のない店舗まで攻撃することがあるが、民衆はズールーがハーラ（居住区）に向かってくるときには、武器を手にして防衛した。

(2) 一四世紀後半の頻発

カイロの食糧騒擾は前述の一二九〇年代の後、一三三〇、四〇年代は三件だけであるが、一三七三年から一四一〇年代までには二四件も起こっている。スルターン・ナースィルの第三期治世（一三一〇〜四一年）を頂点とするマムルーク朝の、一四世紀後半以降の衰退の現れとも、また、ペストが一三四七〜四九年の大流行以来繰り返され人口が減ったため支配層の収入も減り、商人たちからの財産没収などが増したので商人たちが投機性を増したとも解釈される。

スルターン・バルクークやスルターン・ムアイヤド・シャイフは、民衆の要求に応じてムスタスィブ（市場行政官）をすげ替え、商人に強制販売や（時には仲買商人を磔にまでして）倉庫開きを命じ、窮民の保護・監督をアミールに割り当てたりして善政を演じたが、最大の穀物保持者スルターンやアミールたちの倉庫を開いて市場供給量を増やさないので商品が増えない。スルターン・ナースィルが一三三六年の騰貴時に、アミールたちにも退蔵を禁じる厳しい態度で臨んだのに比べ、スルターン自身の統制力が弱体化していたと見ることもできる。

本章のまとめ

(イ)一三〜一四世紀の西ヨーロッパはあいつぐ発展・抗争の世紀で、都市の門閥的支配層に対する広範な層の市民闘争が、食糧騒擾とともに展開された。イタリア北半やフランドルなどの都市は海運が便で羊毛を輸入し織物など手工業が栄える一方、穀物を遠路の輸入に依存せざるを得ず、支配層が投機的に輸入価格を吊り上げたからである。商工支配層を掣肘（せいちゅう）する政治勢力が存在しない都市国家だったからで、大きな統一国家を形成していた英仏などの場合は、王権によって価格・流通が規制されていて、このようなことは起こらない。ただしフランスの場合は、フィリップ四世が財政問題から貨幣の改鋳を繰り返して、一三〇一年以来パリに物価騒擾を引き起こしている。
(ロ)穀物を輸入に依存する都市国家だったイタリア北半やフランドルの都市国家政体の場合が主だったにせよ、食糧騒擾が一三世紀に始まった背後には、気温が急落して小麦価格が急騰したことも関わっている。日本の中世にも影響したこの寒冷期は、北極周辺を回る冬の偏西風が蛇行・南下して起こる現象で、一四世紀にも起きて北イタリアの小麦価格を騰貴させた。
(ハ)そのイタリア北半やフランドルなどの都市の食糧騒擾も、一四世紀後半にはペストが一三四八〜四九年の大流行以後断続的に繰り返され、人口が三分の一も減り、食糧価格が低下し賃銀が上昇したため一世紀以上、一五世紀末まで殆ど見られなくなる。

註

(1) 森義信「カロリンガ時代の飢饉とその対策」(『史学雑誌』八八編一〇号、一九七九年一〇月)六五〜七〇頁。
(2) 同右、七六〜七九頁。
(3) ヴェルナー・レーゼナー著/藤田幸一郎訳『農民のヨーロッパ』平凡社、一九九五年。(1) 九六〜九九頁。
(4) 前掲、W・A・ダンドー『地球を襲う飢饉』九二頁によれば、六〜一五世紀に英・仏ではそれぞれ少なくとも九五回・七五回以上起こっている。
(5) 例えば前掲『農民のヨーロッパ』六八頁、八四頁。

(6) J.C.Russell, *Population in Europe 500-1500*, in Cipolla Carlo M.(ed). The Fontana Economic History of Europe. 1, London, 1969.
(7) ギュンター・フランツ著／高橋清四郎訳『ドイツ穀物取引史』中央大学出版部、一九八二年、九九〜一〇一頁。
(8) 森田鉄郎『ルネサンス期イタリア社会』吉川弘文館、一九六七年、二九四頁。D・ウェーリー著／森田鉄郎訳『イタリアの都市国家』一九七一年、一二〇頁。森田鉄郎「中世イタリア都市の食糧政策と農制との関係について」(『神戸大学文学会研究』一九五三年三月)。
(9) エーディト・エネン著／佐々木克巳訳『ヨーロッパの中世都市』岩波書店、一九八七年、一七八頁
(10) 前掲、J.C.Russell, *Population in Europe 500-1500*.
(11) M・モラ、Ph・ヴォルフ著／瀬原義生訳『ヨーロッパ中世末期の民衆運動——青い爪、ジャック、そしてチオンピ』ミネルヴァ書房、一九九六年。
(12) 同右、一五九頁。
(13) 羽仁五郎『ミケルアンヂェロ』岩波新書、一九六八年。
(14) 前掲『ヨーロッパ中世末期の民衆運動』三〇〜三二頁。
(15) 同右、三八〜四二頁。
(16)(17) 同右『ヨーロッパ中世末期の民衆運動』。
(18) 同右、九六頁。
(19) 同右、一〇一〜〇二頁。
(20) B.Sharp,"Popular Protest" pp. 274,280,287; P.Clark&P.Slack, *English Towns in Transition 1500-1700*, Oxford, 1976. クラーク＝スラック著／酒田利夫訳『変貌するイングランド都市　1500－1700年——都市のタイプと

ダイナミックス』三嶺書房、一九八九年。

（21）前掲『ヨーロッパ中世末期の民衆運動』六四頁。

（22）長谷部史彦「一四世紀末～一五世紀初頭カイロの食糧暴動」（『史学雑誌』九七巻一〇号、一九八八年、六四頁）。同「イスラーム都市の食糧騒動――マムルーク朝時代カイロの場合」（『歴史学研究』六一二号、一九九〇年一一月）。

（23）Shoshan,B.,"Grain Riots and the"Moral Economy": Cairo, 1350-1517", *The Journal of Interdisciplinary History*, vol.10, No.3, 1980, pp. 459-478. Shoshan,B., *Popular Culture in medieval Cairo*, 1993.書評＝長谷部史彦「ボアズ・ショシャン著『中世カイロの民衆文化』」（『イスラム世界』四七号、一九九六年）。

第3章　大航海時代に食糧騒擾も世界化

1　ペスト後の欧州人口の復活と「価格革命」・食糧騒擾

(1) 欧州人口の復活と「価格革命」

欧州の一四世紀後半～一五世紀の人口減少と経済的停滞は、一三四八年以降断続的に流行した黒死病（ペスト）が大きな要因と認められるが、唯一の原因ではない[1]。死亡率が高かったので出生率の僅かな低下も人口減少を引き起こし、農業生産力が低下したし、一三世紀末から「小氷河期」に転じていたことも挙げられよう。一世紀間に欧州人口は三〇～三五％減り[2]、一三四〇年頃七三〇〇万だった欧州人口が一世紀間に五〇〇〇万まで減った（英仏人口が三分の一減ったが、中・東欧に行くほど損害が少ない[3]）。この人口減少・経済停滞のなかで、北欧の食糧騒擾は一四世紀末から減少した。人口減と購買力低下で穀価が一三二〇年頃から（一三四七年の飢饉時を別にして）長期に低下し[4]、労働者不足で賃金が高騰したからである。

しかし一五世紀の第四四半期から欧州人口は再び増え始め、一六世紀から賃金が下がり穀物価格が上がり出す。原因はペスト終焉の他にも幾つか挙げられる。

第一は「新大陸」発見と喜望峰迂回のインド航路開拓で、貿易中心が従来の地中海から大西洋側へ移り、「新大陸」の銀と欧州毛織物交易で貨幣資本が急増し、銀表示の物価が（一六世紀中に三〜四倍に）騰貴する「価格革命」が起こったことである。欧州人口はイングランドを例にとれば一六世紀から一七世紀半ばにかけ倍加し、（F・ブローデルが指摘するように）[5]人口増による需要増で取引が増し、それによる通貨供給量の要求が「砂金採集夫や銀鉱山のインディアンに仕事をもたらし遠方から操っていた」。その人口増・貨幣資本増は穀物価格上昇で地代を上げ、土地の生産性を増そうと英国に「囲い込み」強行を生じた。

第二は一六世紀中葉以来の「小氷河期」[6]で、一五五〇〜六〇年と一六〇〇年代初頭の気温が急落で小麦価格を急騰させていた。

第三にマニュファクチャー（工場制手工業）の成長で、穀物を遠隔から運ばねばならず、価格が地方の豊凶によってますます不安定になった。

（2）英仏王権下の食糧騒擾

イングランドでは（前章3の（3）(ロ)で述べたように）、王政による統一的な穀物政策のお蔭で食糧騒擾の始まりが晩く、一三四七年に一度記録に見られたが翌年からのペストで消えており、一五一六年頃が実質上の始まりである。[7]人口増加率が一五六一年から八六年には平均して年一％と高く、一五四一年の二八〇万が一六五六年の五三〇万に倍増し、(一三三七年に三万五〇〇〇人だった) ロンドンは一五四五年には八万人、一五八二年には一二万に急増と推定される。エリザベス朝(一六世紀後半)イングランドでは、この人口急増で土地不足・穀物騰貴が本格化し、二七年・三二年・三六年・五一年に食糧騒擾が見られた。しかし国内価格が一定以上のときは輸出を認めない(一三世紀来の)穀物政策が、一五五三年・六三年・九三年、一六〇四年・二四年・五六年と緩められつつも機能していたので、食糧騒擾も以後は増えていない。

フランスでも一五七一年六月の勅令で穀物輸出の規制権が国王に掌握されて以来、穀物流通は君主の集権体制内にあり、殊にリシュリューとコルベール(一六一九~八三)の政策下では、輸出向け特権工業が労賃を下げられるよう、低価格の穀物を要求するのに従っていた[8]。したがって地中海沿岸のマルセイユで(前述のように)起こっていた以外は、フランスの食糧騒擾もまだ重大化せずに済んでいた。

2　初期市民革命期と食糧騒擾

(1) 北海・バルト海域の食糧騒擾

欧州の北海・バルト海側でもペストの終わった一五世紀末に食糧騒擾が始まる。ライン下流の中心的な穀物市ケルンでは、パン価格が一五世紀から市参事会による政策価格になり、中世に淵源を持つその統制・公定価格制が一八世紀まで続く。北海底部だけでなく、東のハンザ都市でも食糧騒擾が見られる。ドイツ都市の食糧騰貴は一五世紀末の、最も穀価の上がる一四八〇年代から知られ、[9]ハンブルクで一四八三年に起こり、[10]一五五六年にはオーデル河口の（第二次大戦後ポーランドとの境になる）シュテッティンでも起こるなど[11]一六世紀に増加している。

（2）オランダの独立と食糧騒擾

この一六世紀の後半には、初期市民革命といわれるオランダの独立があり、北西欧がハプスブルク家スペインの支配から離脱する過程が進むとともに、食糧騒擾の市民革命との関わりが始まる。この地域は商業的発展のもとで一三二三〜二八年にフランドルの農民反乱、一四九一〜九二年にはネーデルラント大一揆を経験していたので、ハプスブルク帝国の軍隊・行政官の駐留はなく、ブラッセルに執政がいるだけで、都市群は自治と特権を享受し、君主権増大には激しく抵抗してきた。「価格革命」が物価上昇で実質賃金・実質貨幣地代を下げたので、ネーデルラントはマニュファクチャー資本主義の段階に入り、プロテスタント中でも市民的なカルヴィニズムが一五四〇年代から広がっていた。

ところがハプスブルク帝国を継承したカルル五世が、宗教裁判を始めて異端禁止令を発布し、戦争を繰り返し次々と新税を付加したので、宗教対立・インフレ・不況が増大し、貧富の差が拡大した。更に一五五五年にフェリーペ二世が継承すると、トレントでの宗教会議のあとスペイン流の苛酷な異端審問所の導入を図り、スペイン軍を駐留させ、執政周辺にスペイン人吏員を配置して、プロテスタントに威圧を加え、財政難の中で新課税を追加した。カルヴァン派教会の長老会（富裕な大商人層）の支援を受ける下級貴族の同盟が、一五六六年四月、国王に「請願書」を提出し、宗教裁判廃止と異端禁止令の緩和への期待を宣伝したので、多くの亡命新教徒が帰国し始め、七月初めには諸都市の郊外で公然とカルヴィニズムの野外説教が始まり諸州に拡大した。随所に数千・一万と民衆が武装集合し、旧教関係の建物ごとに教会を囲み、八月半ばにはフランドル西部から聖像破壊運動が始まった。東南部を除く全ネーデルラントを一四週間にわたり荒れ狂う革命[12]の始まりである。「請願」からこの聖像破壊運動を経る一五六六年復活祭から次の復活祭までの一年間は、奇跡信仰による「純粋に宗教的な反乱」のように言われてきたが、実は経済危機とりわけ穀物騒擾が激しかったことを、E・クトナー[13]が指摘している。この地域は一四世紀後半〜一五世紀中葉のペスト流行で人口が激減し、穀物需要が低下し、労働力コスト・工業製品などが高値になったときに、農業を畜産・工業用作物栽培に転換した構造が残っていて、穀物を近隣ばかりかバルト海地域からも輸入しなければならず、中継貿易・保険業などの収益もあったのに貿易収支が膨大な穀物輸入のため赤字だった。南ネーデルラントの穀物流通の中心ガンの場合は、独占的に近隣地区を取り締まり、穀物船に対し市場での売却を強制[14]していた。

密集した諸都市を支える食糧の大半をバルト海沿岸と北フランスからの穀物輸入に頼っていたから、バルト海貿易の死命を制するズンド海峡（スウェーデン南端部とデンマークのシェラン島との間）

閉鎖による輸入の減少や凶作情報は穀物投機を横行させ、前述の「価格革命」(一五五〇〜八〇年)のさなかでもあったから、穀価は大暴騰した。そのうえ生活必需品に掛けられた消費税が増額され、対英通商の断絶で毛織物業や英国沿岸を漁場とするオランダ漁民たちは皆、大打撃を受けた[15]。この状況を利用し、(穀物商をも含む)富裕な大商人に他ならぬカルヴァン派長老会が、民衆の穀価暴騰への怒りを教会攻撃に向かわせていたと、クトナーの『飢餓の年』は指摘する。

しかもその扇動が成功して野外説教の群衆が武装し、聖像破壊・教会略奪が拡大すると、長老会はその略奪が自分たちに向くことを怖れて執政政府と和睦し、大貴族の如きは暴動鎮圧に尽力して民衆をスペイン軍の殺戮に委ねた。

当時の社会の性格を考慮すると、クトナーが「プロレタリア」と呼ぶものは、職人層や前期プロレタリアであるが、「純粋に宗教的な反乱」かのように言われてきた聖像破壊運動が、食糧暴動と関わっていたことは重要である。こうして始まったネーデルラント革命は、一旦退潮したかに見えながら、周辺部、殊に海上から亡命者たちが水夫・漁夫・職人・細民を組織した、「海乞食」・「森乞食」のパルチザン戦により再開されて勝利する。その過程でも、ヤンスマが指摘するように「食糧の輸入杜絶により一五七一年から生じたネーデルランド各地の悲惨[16]」により、ドルトレヒト市などで、「大多数を占める貧民は宗教的理由よりも経済的困窮の結果暴動を起こし[17]」ていた。前記六六年の聖像破壊期と考え合わせると、食糧騒擾がこの前期市民革命で果たした役割が注目される。一五七二年の北部蜂起を機に、政治革命の段階に入って初めての市民国家が成立した。ベルギーにあたる南部は脱落したが、日本の九州にも及ばぬ面積のオランダが、当時最強の宗主国に対して独立を達成したのである。

欧州が市民的秩序へ移行する道標として、最初の市民革命である英ピューリタン革命（一六四二年）以前に、一五世紀のボヘミア（チェコ）のフス派の乱（一四一九年）、ドイツの宗教改革（一五一七年）、農民戦争（一五二四年）、ネーデルラント革命（一五八一年独立宣言）が掲げられるが、これら間にも段階的な差がある。一五世紀前半のボヘミアのフス戦争はなお強固な封建社会の中で、その一定の成果も封建的秩序の中に再吸収されて、初期市民革命の前兆としか言うことができない。

一六世紀初頭のドイツの宗教改革・農民戦争は、マニュファクチャー段階の前夜に発生したと解釈されるが、左派が社会的・国家的構造の変革を求めても、右派は時として改良を試みるだけで教会改革に終始し、初期市民革命の前史としか言えない。それに比べ一六世紀後半のネーデルラントではマニュファクチャー資本主義の段階に入り、後期封建性との対立が国際的集約的な形で現れ、宗教的にもルター主義より進んだカルヴィニズムという市民的イデオロギーに依って、商業ブルジョワジーの寡頭支配を確立し、資本主義が初めて不可逆的に進行した、初めての市民国家と言い得る。

オランダは見る間に国際貿易の首位に駆け上がり、都市を基盤に質実な市民的な文化を築いて、最も先進的な国となった。世界的商業国家として南アフリカ、ペルシャ、インド、セイロン、ジャワ、モルッカ諸島、台湾、長崎と、アジアにまでポルトガルやイギリスを排して進出し、胡椒貿易に独占的な位置を確立して、新大陸でもスペイン支配に抗し巨額の銀を得て重商主義の世界経済を開く。

3　地中海域での一六世紀

（1）地中海都市での食糧騒擾

第1章（古代）・第2章（中世末）で見てきたように、穀作に適さない地中海世界の島嶼や都市国家では、輸入小麦を投機的に操って儲ける支配層を掣肘する勢力がないため、食糧騒擾が多かった。フランスの歴史家F・ブローデルも、地中海世界の小麦について「一度も過剰という星のもとに生きたことはない[18]」と書いている。フィレンツェは一三七五～一七九一年に（「豊作年」は一六回しかなく）一一一回の「飢饉」を経験し、「メッシーナやジェノヴァ」のような小麦の輸出港でさえ、ものすごい飢饉を経験した[19]」。一五二一年のカスティーリャとポルトガルの「大飢饉」、二八年の旱魃によるアンダルシアの「壊滅状態」、イタリア半島でも同年と四〇年のトスカーナ以来一連の不作があり、戦争も一因に加わって穀価が急騰する。「イタリアで物凄い食糧不足が」起こって「何万という人が飢え死にし」たのは一五五四年で、価格が上がり続けていたトルコの輸出禁止令で輸入できなくなったイタリアの欠乏期は六四～六八年、七二～八一年、八五～九〇年と繰り返され、その間の八三年にもイタリア全土、殊に教皇領で飢え死が起こっている。「一五六〇、一五六五、一五七〇、

一五八四、一五八五、一五九一年の六回の〈食糧不足〉がナポリを荒廃させた」。スペインでも七八年に「ひどい食糧不足」に襲われ、八三年にも欠乏が「全国に広が」った。

主な地中海都市には、ヴェネッツィアで「小麦事務所」と呼んだものが大抵あって、食糧危機が始まると第一幕として町から小麦が出ていくのを禁止し、監視兵の数が倍加されて、家宅捜査で在庫の一斉調査が行われる。危機が増大すると第二幕で、消費者数を減らすよう市門が閉じられ、ヴェネッツィアのように外国人を追い出す所も少なくなかった。マルセイユでも一六世紀中葉にそうして、[20]一五六二年の食糧危機ではプロテスタントも追放した。九一年のナポリのように大学を閉鎖して学生を郷里に帰す都市もあった。穀物の輸入に失敗すると、しばしば他の国・都市の穀物船を襲って後で代金を払う。マルセイユがジェノヴァの船を奪うことがあったが、最もこの手を使ったのが海軍国ヴェネッツィアで、奪われるのは大抵ナポリの雇船で、ナポリでは食糧反乱（一六〇七年八月）が起こり、メッシーナも一六四七年に不足に陥った。

F・ブローデルはイスラーム諸国についても「五五年以後は、あるときはエジプトで、あるときはコンスタンチノープルで、またあるときはシリアで……小麦は不足[21]」と書いているが、地中海でも東部のこととなると実証的でない。その重要例を見ておこう。

（2）オスマン帝国のイスタンブル穀物供給体制

オスマン帝国は欧・亜・アフリカの三大陸に跨る大帝国で、領土は地中海東半から黒海沿岸全域に及んだ。パーディシャーと呼ばれる君主は、北東南の三方を海に囲まれたイスタンブルの先端にあるトプカプ宮殿にいて、地中海・黒海そしてアジアの半島部をも睥睨（へいげい）していたが、その全域から間断なく小麦その他を、この欧亜有数の巨大消費都市の人口を養うべく運び込まねばならなかった。澤井一彰[22]はオスマン朝の「枢機勅令簿」を主要資料として、その広大な「イスタンブル穀物供給圏」からの、間断ない供給記録を解析している。

一六世紀後半のイスタンブルでは、食糧欠乏が八月から一一月に集中していた。主食のパンの原料は基本的に小麦で、多くは秋播きの冬小麦で初夏に収穫するから、その季節の海路・陸路の天候などに因る遅延が影響する。一六世紀後半に記録されるイスタンブルの食糧不足は一三五回あり、一五六六、七〇、七二、七四～七七、八〇、八五、八六年に深刻で、多い年には一三件もの不足・欠乏が記録があるが、飢餓や食糧暴動の発生は記録されていない。F・ブローデルの書いた同時期の地中海の島嶼・港湾都市では、輸入商でもある支配層を掣肘する勢力のない都市政体だったため食糧騰貴が多発したが、オスマン朝は帝国であって、総合的な食糧政策を講じることができていた故であろう。その意味では、次に見る王政下の英仏との共通面をうかがうことができる。

4　銀・商品の東西流通と東アジアの食糧騒擾

中国に代表される東アジアも、「新大陸」を含む銀のグローバル流通の中に入っていた。セヴィーリヤやポルトガル、アムステルダムから、喜望峰、ゴア、マラッカを経てマカオ・東南アジアに入るもので、欧州が中国の絹・絹織物・綿織物・陶磁器などを輸入する見返りとして送られた。中国は以前は銀の輸出国であったが、一四三〇年代からは産出量が低下して、日本が「銀の島」と呼ばれるほど銀を輸出するようになったが、一五八〇年代からはメキシコのポトシ銀山からのそれが日本を凌駕するようになる[23]。

こうして一六世紀後半からは欧亜が繋がり、変化がグローバルになっており、中国でも食糧騒擾が万暦年間（一五七二―一六二〇）の初めに、江蘇省鎮江府（一五八〇年）・福建省福州（一五九四年）で起こっている[24]。ペスト後の欧州の食糧騒擾復活と一致しているので、大航海時代のこの時期が食糧騒擾の世界的な本格化の時期と言えそうである。

ただし東アジア一般は中国より遅く、日本の米騒動の場合、後に見るように一七世紀中葉の前駆的少件数以外は、一八世紀初頭（元禄期）まで現れない。

本章のまとめ

欧州はペストの繰り返しに「小氷河期」も重なり、一四世紀後半からの一世紀に人口が三分の一減り経済も停滞したが、一五世紀の第四四半期から再び増え始め（一五四一年の二八〇〇万人が一六五六年の五三〇〇万人に増え）たので、賃金が下がり穀価が上がった。

「新大陸」発見と喜望峰迂回のインド航路開拓で、交易が世界化し、「新大陸」の銀と欧州毛織物の輸出で貨幣資本が急増して、「価格革命」（銀表示の物価が一六世紀中に三〜四倍に高騰）が起こった。穀価上昇で地代が上がったので、土地の生産性を増そうと英国に「囲い込み」が起こり、人口増とマニュファクチャー成長のため穀物を遠隔から輸送するので、地方の豊凶に穀価が左右され、食糧騒擾が一五一六年頃から始まり、二七年・三二年・三六年・五一年に見られた。しかし英国内では価格が一定以上のときは輸出を認めない（一三世紀来の）穀物政策が緩められつつも機能していたので、それ以上食糧騒擾は増えていない。フランスでも一五七一年六月の勅令で穀物輸出の規制権が国王に掌握されて以来、穀物流通は君主の集権体制内にあり、輸出向け特権工業が労賃を下げられるよう、低価穀物を要求するのに従っていたので、地中海沿岸のマルセイユで起こっていた以外は、フランスでも食糧騒擾はまだ重大化せずにいた。

地中海の島嶼・港湾都市は穀物を輸入に頼り、それを投機的に左右する支配層を掣肘する勢力がいない都市国家だったため食糧騰貴が多発したが、一六世紀後半のイスタンブルでは、飢餓や食糧暴動の発生が記録されていない。オスマン朝は帝国で、王政下の英仏と似て総合的な食糧政策を講じることができていた。

欧州が中国の絹・絹織物・綿織物・陶磁器などを輸入する見返りとして送った銀で、東アジアも「新大陸」を含む銀の流通圏に入り、一六世紀後半からは欧亜がグローバルに繋がった。中国でも食糧騒擾が万暦年間の初めに江蘇省（一五八〇年）・福建省（一五九四年）から起きているので、大航海時代のこの時期から食糧騒擾も世界化したと言えよう。

註

（1）エーディット・エネン著／佐々木克巳訳『ヨーロッパの中世都市』岩波書店、一九八七年、二七九頁。

（2）W・アーベル著／寺尾誠訳『農業恐慌と景気循環』未来社、一九七二年刊、八六年復刊。

（3）J.C.Russell, *Population in Europe 500-1500*, in Cipolla Carlo M.(ed). The Fontan Economic History of Europe. 1, London, 1969, p.21.

（4）M・モラ、Ph・ヴォルフ著／瀬原義生訳『ヨーロッパ中世末期の民衆運動——青い爪、ジャック、そしてチオンピ』ミネルヴァ書房、一九九六年、三〇二頁。R・B・オウスウェイト著／中野忠訳『イギリスのインフレーション——テューダー・初期ステュアート期』早稲田大学出版部、一九九六年、一二八頁。

（5）F・ブローデル著『地中海』第二部第二章第三節。浜名優美による訳書（藤原書店、一九九九年）では⑤の二八一～三頁。

（6）北極圏の周囲を廻る偏西風の蛇行により寒気が南下する現象で、一六世紀中葉に始まり、殊に一五五〇～六〇年代と一六〇〇年代初頭に低温の谷がある。寒期に挟まれて短期の相対的温暖期（例えば一六五〇～八六年の夏は温度が上がっていた）を含みながら、長周期的には一五五〇年頃から一八五〇年まで続く。これは欧州の市民革命期の殆どを含み、したがって世界が資本主義市場に包摂される時期と重なることも注目されている。

（7）A.Charlesworth(ed), *An Atlas of Rural Protest in Britain, 1548-1900*, London, 1983, pp. 72-80.

（8）F.C.Spooner, *The International Economy and Monetary Movements in France, 1493-1725*, Cambridge Mass.,

1972, pp. 10-15, p.19.

(9) ギュンター・フランツ著／高橋清四郎訳『ドイツ穀物取引史』中央大学出版部、一九八二年。

(10) 同右、八七頁。

(11) 同右、九〇頁。

(12) この時期の記述には、例えば栗原福也「ネーデルランド共和国」（岩波講座『世界歴史15 近代2 近代世界の形成Ⅱ』一九六九年）九三～九五頁を参照。

(13) E・クトナー『飢餓の年』（E.Kuttner, *Het Hongerjaar 1566*, Amsterdam, 1949）。川口博「ネーデルランドの反乱と唯物史観」（『西洋史学』一二九号、一九八三年）に評価がまとめられている。

(14) 奥西孝至「一五世紀南ネーデルランドにおける穀物流通と経済政策」（『社会経済史学会第五九回大会報告要旨』）。

(15) 同右、栗原福也論文、九四～九六頁。

(16) S.Jansma, Dordrecht wordt Geus, *Economisch-Historische Opstellen*, Amsterdam, 1957, p. 50.

(17) 前掲、栗原福也論文、八七～八八頁。

(18) 前掲『地中海』第二部第三章第二節（訳書では⑤の三六一頁）。

(19) 同右『地中海』第三部第五章第四節（訳書では③の五五〇頁）、及び前掲第二部第三章第二節。

(20) 前掲『ドイツ穀物取引史』九〇頁。

(21) 前掲『地中海』第三部第五章第四節（訳書では③の五五〇頁）、及び前掲第五部第三章第二節。

(22) 澤井一彰『オスマン朝の食糧危機と穀物供給――一六世紀後半の東地中海世界』山川出版社、二〇一五年。

(23) 玉木俊明「貨幣から見た一六・一七世紀の世界史とオランダ――一七世紀の危機に関する一考察」(『歴史科学』一一九号、一九九〇年一月)。越智武臣「世界史における一七世紀――回想風に」(『新しい歴史学のために』一九一号、一九八八年、五~八頁)。

(24) 堀地明「明末江南災害・飢饉・搶米年表」(『明清食糧騒擾研究』五九頁、汲古書院、二〇一一年)。谷川道雄・森正夫編『中国民衆叛史4　明末~清Ⅱ』東洋文庫四一九(平凡社、一九八三年)は、巻末に都市暴動関係年表、第一章に夫馬進による解説がある。

第4章　西欧市民革命と食糧騒擾

1　「一七世紀の危機」と東西変動

英国のピューリタン革命（一六四〇～六〇年）、フランスのフロンドの乱、スペインのカタローニャ反乱と続く所謂「一七世紀の危機」は、スペイン支配の崩壊とともに、西欧で市民革命が本格化する時期である。東欧の端のロシアでもステンカ・ラージンの乱（一六六八～七〇年）、その百年後にはプガチョーフの乱と近代への兆しが動き、インドのムガール帝国の農民反乱と異教集団の一揆、中国では明清交替、日本も関ケ原から島原の乱へと、世界は東西を問わずこの世紀に大きく変化する。

ウォーラーステイン(1)はオランダのヘゲモニーの要因に毛織物生産の効率性を挙げているが、オランダはバルト海貿易船の半ば以上を提供し欧州船舶の大きな部分を占め、中継貿易と海上保険業で食糧輸入による赤字を補って、欧州中の貴金属を吸収していた(2)。

このため一六二〇年代には欧州に貴金属不足による通貨危機が起こり、悪鋳を行ったドイツ、ポーランドへの輸出が減り、イングランドにも「輸出不況」が起こってピューリタン革命の誘因の一つに数えられる。新大陸の銀の産出量は一六〇〇年頃をピークに一七世紀には減っていたから、その流入口だったスペインでも銀の減少を補う重税を課してカタローニャ反乱を誘発した。

貴金属供給が減っているのに取引は増大し続け、三〇年戦争の影響もあって物価の上昇が長引いたから、流通手段の不足を補うのに銅貨が大量に用いられ始める。この貴金属不足は欧州からアジアに流れていた銀の途絶をも意味し、中国での明清交替の基底要因ともなった。中継地のゴアとマラッカをオランダが封鎖し、また日本が「鎖国」したので中国への銀の流れが急減し、明の衰退に繋がった（前章でふれた明末一七世紀の食糧騒擾には、そのようなグローバルな要因も働いている）。

2　英国ピューリタン革命

（1）一七世紀のオランダとその限界

通貨危機を軸とする「一七世紀の危機」のなかで利益を得ていたのは、オランダであった。世界的商業国家としてポルトガル、スペインを排してアジアまで進出し、胡椒貿易に独占的な位置を確立して、「新大陸」でもスペイン支配に立ち向かって巨額の銀を獲得した。しかし重商主義の国際経済のなかで、一七世紀中葉にはイギリスと戦わねばならなくなった。

ウォーラーステインがオランダの「ヘゲモニー」を一六二〇～七〇年頃というとき[3]、毛織物生産を指していたが、それがイギリスの「新毛織物」によって凌駕されていく。オランダには中継貿易・海上保険業もあったから、商業面では一七六〇年頃まで、金融面では同世紀末まで、アムステルダムは国際証券取引センターの地位を保つが、都市を支配する大商人の商業的自由にあわせた、分権的国家体制の限界があった。ネーデルラント・カルヴィニズムは商業資本の蓄積に応ずる経済倫理を持っていたが、そのためには封建性の完全廃棄は必要でなく、中世的特権を持つツンフトや都市・教会の身分的組織に大きな役割をさせていた。それが工業発展、農業の展開を抑え、オランダを一七世紀末には早くも停滞に陥らせた。

(2) 英国のピューリタン革命

イギリス絶対王制が反動化し始めるのは、一五八八年にスペインの「無敵艦隊」を撃破し終えたときからといわれる。国際的なカトリック封建権力だったスペインの没落で仇敵が抑圧されてしまうと、市民階級は王朝の保護に依存しなくなり、財政的基礎がすでに市民階級の手にあったから、王は危険を感じたようである。[4] 国王と議会の争いはエリザベス女王（在位一五五八〜一六〇三）の王位継承問題、宗教改革、議会の権利、言論の自由の問題でも起こったが、中心的で継続的だったのは財政問題である。スチュアート朝ジェームス一世（在位一六〇三〜二五。ただし一五六七〜一六二五年にスコットランド国王ジェームス六世でもあった）の治世に入って財政が一層困難になったので、議会の課税協賛権を無視して賦課金・強制公債・爵位売却などを強行し、子のチャールズ一世（在位一六二五~四九)も強制献金・船舶税などを考案して市民を収奪した。議会は一六二八年「権利の請願」で対抗したが、チャールズは議会を解散して「一一年の専制」に入り、騎士税・徳税・民兵維持税・辻馬車税などを課し、多くの独占特許を復活して財源とした。そして思想上・宗教政策上でも、「王権神授説」の公言や清教徒迫害を行ったので、宗教問題が革命の発端になった。

カンタベリー大僧正の進言でチャールズが、長老派教会(清教)の普及しているスコットランドに英国教会の儀式・祈禱書を採用するよう命令したので、反乱がスコットランド全土に広がった。スコットランド教会会議は軍隊を招集したが、チャールズの方は必要な兵員が半分も集まらず、スコットランドに同情的で戦意がなく、抵抗されると崩壊した。王は資金調達のため議会を招集したが、議会は逆に「一一年の専制」中の王の不法行為を非難したので、王はこの「短期議会」も解散してしまった。公債引き受けをロンドン市会が拒否し、「長期議会」がスコットランド軍進入の中で招集され、革命が始まった。

議会特権の確認、国王側近の処罰、絶対王政の政治機構の打破などが行われたが、四一年末の大諫議書で国王派(王党派・騎士党)と議会派(長老派・独立派)に分裂し、翌年夏に内乱となった。王党派は旧教又は国教の信奉者で君主主義者で、絶対王政を維持し服従する隷農を従え、位階秩序の保持者にほかならない。騎士党は封建的貴族・封建的ジェントリーに特権的な豪商・地主の加わったものだが、職業軍人層による右派(軍事的国王派)である。議会派のうち長老派はカルヴィンの予定説を信じて、寡頭専制的なその教会が国教になることを望み、立憲の制限君主制を主張し革命の初段階は主導したが、上層社会を構成する少数の富裕階層（地主型貴族・ジェントリー上層と、ロンドンの大貿易商人である豪商・富商上層）だったから、領主的土地所有を保持しつつそれをブルジョワ的な地主的土地私有として再編できるような土地改革を望み、財産権起点の権力志向であった。しかし独立派（長老派と異なって個々の教会の自主性を尊重し、軍隊士官を中心に支持があった）にクロムウェルが現れ、信仰厚いヨーマン（自営農民）を組織して圧倒的勝利を収め、四六年に第一次内乱を終了した。

長老派は議会で封建的土地所有の廃止が行われると、それ以上の革命を望まなくなったが、独立派は（下級兵士やロンドンの市民大衆からなる）平等派を懐柔して、四八年の第二次内乱で国王派を壊滅させ長老派を議会から追放し、四九年一月に国王を処刑して、王制・貴族院を廃して共和国とした。しかし反乱を起こした平等派を同年春に壊滅させ、アイルランド、スコットランドを武力で征服し、五一年秋に航海条例を発布して第一次蘭英戦争を起こし、反対した議会を武力解散させ、クロムウェルが護国卿と称する独裁政権が成立した。これは国民の不満・批判を招き、五八年九月のクロムウェルの死とともに護国卿政権は崩壊して、六〇年五月に王制に復古した。

3　英国はピューリタン革命後、穀物大量輸出で食糧騒擾多発に変わる

A・チャールズワースの騒擾統計[5]で見ると、ピューリタン革命中の一六四〇年代には十数件の食

糧騒擾が見られるが、国内価格が一定以上のときは輸出を認めない規制が、一五五三年、六三年、九三年、一六〇四年、二四年、五六年と緩められつつも、まだ全面自由化していなかったので、ピューリタン革命で食糧騒擾は増加や特別の役割はしていない。しかしこの規制がピューリタン革命後の七〇年に完全撤廃され、七二年からは逆に、国内価格が一定以下の場合は輸出奨励金が付けられるように替わった。革命で封建的土地所有が廃止され、発言力を強めた農業ブルジョワジー（地主・ファーマー・穀物商人）の要求で、輸出増加が政策化したのである。以前のイギリス小麦はヨーロッパでも最も高値だったが、今度は安くなったのでオランダ市場に大量流入するようになった。

それから産業革命までのほぼ一世紀、イギリスは世界で指折りの穀物輸出国であり、一八世紀中葉に輸出していた穀物は総輸出額の一割を占め、その大きな部分が国際市場だったアムステルダムで、スペイン、ポルトガルほかの多くの国に売られた。殊にポルトガルは一八世紀初めのメシュエン条約以降、穀物輸入を通じて対英従属を深めたほどである(6)。

この時期のイギリス穀物の最大の顧客オランダへの輸出は、イギリス側の一六九七年からの公式統計で、二種類に分けられる。第一は、この統計の始まる頃から急上昇し一七二〇年代前半にピークに達し、三〇年前後に終わる酒造用穀物中心の輸出。もう一つは一七三二年頃からのパン用穀物（小麦・ライ麦・オート麦）の輸出で、四〇年代後半に急成長して五〇年代初めにピークに迫り、以後衰えて、六七年以降事実上消滅する。前者の酒造用穀物は、オランダに面するイーストアングリアの諸港から、四分の三がオランダに入り、それで作られるオランダ蒸留酒の八割がイギリスへ輸入される。後者のパン用穀物の方は、オランダの吸収は三分の一程度で、産地も積み出し港も分散的で、イーストアングリア諸港のほかロンドン経由も多い。[7]ロンドン経由のパン用穀物の輸出は、本来ロンドン市民向けだったのが輸出に向けられた[8]ものだから、首都の市民の慣習化した権益と生活を犠牲にしたものであった。

こうしてピューリタン革命後は、輸出奨励金という農業ブルジョワジーの利をはかる輸出急増で、消費者民衆の農業ブルジョワジーへの対立感が煽られたので、食糧騒擾が増加したのは当然である。一六六〇～一七三七年には、イングランド中南部内陸二五件、東部内陸一〇件、コンウォール半島からサゥザンプトンにかけての南西部・南部の海岸地帯に一四件、ウェールズ北部海岸地帯四件で、海岸地帯の殆どは積み出し阻止と倉庫攻撃の輸出反対型である。そして以後は、一七四〇年の一年で八二件以上という食糧騒擾頻発期が、イングランド中部・東部の内陸、ウェールズ北部を中心に起こり、サンダーランド以北～エディンバラのスコットランド境界東海岸には、輸出反対型が広がった。

4　フランス革命と食糧騒擾

(1) フランス絶対主義の食糧政策

フランスの場合はフィリップ四世が、一三〇五年、一三〇七年に穀物輸出・買い集めを禁止し、また最高価格を設けた制度が一八世紀まで効力を持っていた。一二八三年以来、たびたびの勅令やパリ高等法院布告に見られる「中世都市の穀物政策を継承したもので」、穀物販売者・地代取得者は「その穀物を都市の週市へ搬入せねばならない」なかった。[9]都市は普通二マイルの禁制里程で、その都市内の者だけが穀物を買うことを許されていたが、パリ周辺では禁制里程が七〜八マイルまで許されていた。

穀物流通を一五七一年六月の勅令で絶対主義の体制に組み込んだ農業奨励策は、リシュリュー、ついでコルベール（一六一九〜八三）の時期に工業優先主義に変わり、農業は「都市に立脚する輸出向特権工業部門の低価穀物の需要に従属させられ」た。[10]穀物輸入地帯である地中海岸のマルセイユは前章3で見たように食糧騒擾が頻発していたが、フランス全体としてはこの頃はまだそうなってはいなかった。[11]それが変化し始めるのは、イギリス産業革命でドーバー両岸の都市に労働者が集中し、一七六〇年前後から穀物取引の自由化政策に変わってからである。

(2)「自由二法」と「小麦粉戦争」

七年戦争などによる財政悪化もあって（コルベール主義批判の）チュルゴーが登用され、王令で穀物の国内流通を一七六三年五月に自由化し、輸出入の自由化も翌六四年五月に公布された。この「自由二法」の結果は価格暴騰が諸都市を襲いパリに迫る勢いになったので廃止されたが、一九歳のルイ一六世が即位するとチュルゴーが財務総監に就任し、七四年九月に「自由二法」を復活したので年末には民心が動揺、三月には食糧騒擾が始まって四月には蜂起となり、五月にはパリも巻き込む「小麦粉戦争[12]」となった。軍隊投入で事態を収集する五〇年ぶりの大混乱でチュルゴーは失脚した。

(3) ネッケルの新統制主義：その罷免でバスチーユ攻撃へ

それでネッケルの「新統制主義派」が穀物政策をリードするようになった。啓蒙思想家・銀行家で七〇年代末に大蔵大臣になったネッケルは、「人民の食糧確保は政府が果たすべき最も重要な事柄」と認識し、フランスは需要をカバーするに十分な穀物を生産できる肥沃の地であり、穀物不足や価格騰貴は流通政策が原因であると、不公正な市場取引を規制し、消費者・生産者双方にとり受容可能な価格を探した。

しかし販売を自由化したがる輩は、穀物が高く売れれば耕作面積を拡大し耕作技術を改良できると言い、ブリエンヌが一七八七年にそれを許可したので、備蓄が減って八八年の収穫前に全州が穀物不足になった。しかも八八年がひどい不作で八月から価格高騰が始まったので、ネッケルが輸入奨励金を出し週市以外での販売を禁止したが、八九年七月まで騰貴し続けた。農民の大部分も不作で購買力が落ち、工業も売行き不振で首切り政策になり、都市消費者は価格高騰との挟み打ちになった。三月末からパン値高騰に対する民衆蜂起がツーロン、マルセイユで発生し、北上して全国に広がった。

人口の三〇％に救済が必要と言われ、浮浪者・野盗が増えてパニックが始まっているところへ、七月一二日にネッケル罷免の知らせがパリに広まるとパレ・ロワイヤルに人が集まり、憤慨の示威行進がブールヴァール、シャンゼリゼー、ルイ一五世（今日のコンコルド）広場と進んで、武装衛兵まで合流して騎兵と衝突。翌一三日、穀物貯蔵所と見なされていたサン・ラザール僧院が略奪され、警察力の衰えが露呈すると、一四日のバスチーユ監獄の攻撃となった。革命の始まりである。

絶対王政期の国王は価格・流通の規制で民衆に食糧を保証する慈父と宣伝してきたので、一〇月にパリの女たちは「ベルサイユへの行進」を行う。穀物支給者としての国王に一縷（いちる）の期待をよせる、最後の行動であった。

(4) サンキュロットは食糧問題への関心で一貫

憲法制定会議はブルジョワジーの要求に応じて八九年八月二九日に、穀物流通の自由を宣言したが、岡本明[13]が指摘するように「九〇〜九一年の比較的平穏な時期をのぞいて」サンキュロット（前期プロレタリアの一般庶民）は絶えず食糧不安にさらされており、国際干渉戦争のなかで外敵と通謀を続ける国王に怒った民衆は、九二年八月一〇日、チュイルリーの王宮を襲撃して国王を幽閉した。

ジャコバンがジロンド派追放のためサンキュロットに結集を呼びかけた九三年六月二日のみならず、区総会参加や「穏健派」追放、反乱都市への懲罰軍編成計画を支えていたのも、サンキュロットの「食糧問題解決への関心で」あり、[14] テルミドール以後多少の消長はあれ、ナポレオン帝国下においてもそれは継承された。

註

（1）服部春彦「ウォーラースティンの資本主義的世界体制論をめぐって」（『新しい歴史学のために』一六七号、一九八二年、八頁）。
（2）玉木俊明「貨幣から見た一六・一七世紀の世界史とオランダ——一七世紀の危機に関する一考察」（『歴史科学』一二九号、一九九〇年一月、四〇〜四五頁。
（3）I.Wallwrstein, The ModermWorld-Sysyem.*, New York, 1980, Ch.2, pp. 36-71.
（4）ed.by C.Hill The English Revolution,1640, Three Essays, 1949, p. 41.
（5）A.Charlesworth(ed), *An Atlas of Rural Protest in Britain*, 1548-1900, London. 1983. 第三章。
（6）川北稔「穀物・キャラコ・資金の国際移動——一七、八世紀の英・蘭関係」（『シリーズ世界史への問い 3 移動と交流』第五章、一四一頁）。
（7）同右、一四五頁。
（8）D.Ormrod, *English Grain Exports and the Structure of Agrarian Capitalism, 1700-1760*, Hull, 1985, p.19.
（9）柴田三千雄『フランス絶対王政論』御茶の水書房、一九六〇年、一〇二頁。
（10）同右、一〇三頁。コルベールは毛織物商の家に生まれてルイ一四世に登用され、王立特権マニュファクチャーを設立し、手工業ギルドを統制・保護した。
（11）阿河雄二郎「伝統としての民衆蜂起——近世フランスにおける都市民衆蜂起の構造」（中村賢二郎編

『都市の社会史』ミネルヴァ書房、一九八三年、二七七〜七九頁)。

(12) 志垣嘉夫「『小麦粉戦争』、その展開、帰結1」(『歴史学・地理学年報』四号、九州大学教養部、一九八〇年)。

(13) 岡本明「ジャコバン主義とサンキュロット運動」(『史林』五一巻四号、一九六八年)。

(14) 「米騒動・大戦後デモクラシー百周年」記念の全国巡回研究会が、関東では専修大学生田校舎で行われ(二〇一七年一一月一七・八日)、同大学フランス革命センター長の近江吉明教授が「一七八九年段階のフランス食糧蜂起――日仏比較史の視点から：バス・ノルマンディ県の事例から」を講演された。

第5章　日本近世の米騒動

1　日本の近世社会

（1）市民的成長の抑圧

日本は国際的に次のように評価される状態にあった。「わずかな例外（ごく短い期間の堺など）を別にすれば、日本の中世都市は自立性の度合いが高くな」く、「貧弱なわずかな商業ネットワークの状態で[1]」幕藩制の成立を迎えた。その上に次の諸要因も重なり、（一七世紀末葉に全国市場が形成されても）市民階級の台頭は抑えられていた。第一に「鎖国」で国際貿易の機会が商人たちから奪われており、第二に極度に強制力集約型の国家形成で、都市の多くが軍事的政治的起源で、兵農分離により武士が都市に集住して町人層は政治過程から隔離され、第三に結婚・教育・所領購入などで身分的に上昇することが衣服に至るまでの障壁で遮られ、経済力を持っても政治力を合わせ持つことができないようにされていた[2]。岩田浩太郎などによる「江戸とは異なる大坂の町共同体の性格、その自律性をめぐる論争」もあるが、市民社会の萌芽としてはまだ局地的なものと思われる。そして第四に、欧州では中世末に崩れてしまった封建地代の物納制（生産物地代）が日本ではまだ揺らいでおらず、その石高制のため幕藩領主・士族層が米の換金率が良いように特権商人を育て、商人層の自立が後れていた。

このように市民の台頭が抑えられていたから「民衆の行動が、多くの場合正面から権力と対決するような性格のものではな」く、「幕府が、最終審の法廷として機能できるように、将軍の権威は尊重しておくのが賢明」とされ、「各藩においても同様の理由で、地元の役人がまず弾劾され豪農・豪商が攻撃されたが、訴願は型にはまった恭しい形式を踏[3]」むものであった。

(2) 石高制による「相場」保持が流通量・生産量を減らし、「回米」たらい回し騒動

定められた石高が収入である領主・士族層は、その米の換金率が良くなるよう米価の「相場」を高く保ち、「町奉行所役人による米穀買占めの摘発もおざなりで、しばしば都市騒擾発生の原因となった[4]」。米価高騰期にも幕府は、江戸や大坂で「安値公定の御定値段を極力発令せず」、「同じ東アジアでも、食糧高騰時には官米安売り価格を公布し、常平倉に備蓄する官米を廉売する中国（清朝前期）とは異な」り、「高米価の実現による……日本近世の体制原理は、世界史的に見ても特異なものだった」。欧州などの「食糧市場規制（市場規制・価格公定制度など）に見られる」「法律・制度や慣習法も日本においては未成熟なままで」、「民衆に米を小売りする舂米屋（つきごめや）仲間は市中米価の低落防止を目的に結成され、買手の要望に応じて安売りすることを禁止され」、「高米価を志向する幕藩制

の市場補完組織」にされていた。

これは封建地代の物納制（生産物地代）が日本ではまだ続き、その上に立つ石高制が生んだ矛盾に他ならず、第2章4（1）で一三世紀末からのカイロでも、上（北）エジプトがスルターン、アミール（軍司令官）たちへの物納制だったため、彼らが問屋商人に横暴を働いた例を見たのと共通性が見られる。

幕府の米の収納高は一八世紀中葉が最大だったが、江戸・大坂への回米高が増加して中央市場の米価が低下傾向になると、換金率を高めようと幕府は特定商人に有利な条件を与えて大量に買い占めさせ、それを幕府の蔵に詰めてやる町人買米令を享保・延享年間に頻発していた[5]。

このような政策は米生産への刺激をなくし、米の流通量を抑える結果を生み、「鎖国」下のため輸入で補うことも無かったから、江戸・大坂と、津止め（藩外移出禁）を要求する地方民衆との間で、米をとりあう結果を招いた。都市打毀しの本格的起点となった享保一八（一七三三）年の江戸の高間伝兵衛打毀しは、通常江戸に送られる東北の米を飢饉の西日本へ送ったための米価騰貴から始まった。天明飢饉期で最も激しかった天明七（一七八七）年の米騒動が江戸で激化したのも、天明三（一七八三）年の飢饉に大坂・江戸へ輸出して藩内に一揆の起こった諸藩が、それに懲りて津止めしたためである。また天保四（一八三三）年・七年の凶作時には、天明七年の打毀しで懲りた幕府が江戸に米を集めるのに腐心したので、今度は逆に地方に打毀しが蔓延した。江戸・大坂と地方諸藩の間のこのような「回米」遣り取りの繰り返しで、どちらかでいつも騒動を起こす結果になっていた。

2　近世米騒動の分布

（1）都市と農村の米騒動

表Ⅴ－1は、『近世都市騒擾史〈原田伴彦著作集 別巻〉』（思文閣出版、一九八二年）に出ている幕藩体制期米騒動四九三件の分布図である。これは都市の米騒動であるが、飯米を買って食べねばならない貧農などが町へ遠征して米屋・大店（おおだな）を打毀す場合なども、都市の米騒動の内に数えてある。米騒動は米を買う者の、つまり消費者の抗議行動で、農村にも土地を持たない「水飲み」や、雇われて賃労働で飯米を金で買わねばならない層がいて、農村内で米騒動を起こしている場合もあるので、そんな層も（青木虹二『百姓一揆総合年表』〔三一書房、一九七一年〕によって）加えると、六百数十件まで増えるが、その場合も分布の諸傾向に大きな変化は見られない。

表Ⅴ－1で、非常に早く寛永中期（一六三〇年代）に少数の例が見えるのは、将軍家光の放漫財政や島原の乱が災いした商業発達の低い時期なので、まだ一般的な米騒動の始まりとはいえない。元禄を過ぎる頃から、唯一の国際港として発達の殊に早かった長崎で連続的に起こり出すが、他で目につき出すのは享保後期（一七三〇年代）からである。表Ⅴ－1でF1、F2、F3と書いた享保・天明・天保の三大飢饉期に横並びしているのは全国的頻発を意味し、福井県（若狭・越前）や新潟・佐渡などに縦並びしているのは、北前船航路沿いでは平年期（N）から頻発していることを意味して

■表Ⅴ－1　幕藩制期米騒動統計

（『近世都市騒擾史〈原田伴彦著作集 別巻〉』〔思文閣出版、1982年〕の年表にあるもののみ）

年次		東北東側				関東							東海・中部					近畿							瀬戸内					山陰				北陸					東北西側			四国九州南側				九州北部					米騒動数計	他の都市騒擾
年次（目盛は年号の変り目）	西暦	青森	岩手	宮城	福島	茨城	千葉	東京	栃木	群馬	埼玉	神奈川	静岡	山梨	長野	愛知	岐阜	三重	和歌山	奈良	滋賀	京都	大阪	兵庫	岡山	広島	香川	愛媛	山口	島根	鳥取	但馬	丹後	福井	石川	富山	佐渡	越後	山形	秋田	青森	徳島	高知	鹿児島	宮崎	大分	福岡	佐賀	長崎	熊本		
慶長5	1600																																																			3
天和																																																				1
寛永																																																				0
									1																															1												2	7
正保																							1																												1	0
寛文	50																																																		0	2
																																																			0	3
延宝 天和																																																			0	6
元禄																																																			0	3
																																				1															1	2
宝永	1700																																															1		1	6
享保																							1																												1	6
																															1																		1		2	8
F_1								1					1				2									1 1						1		1		1	1												1		11	16
元文																																						3	2												5	11
宝暦	50		2																				1											1	3	3		1	3	1											15	11
明和															1															1				2	1			3	1												9	25
安永																	1		3																3		2														9	17
F_2 天明		4	2	4	2	3	1	2	4	6	2	3	5	1	4			2	5	7	2	8	9	4	1	4		2	1	4			1	4	3	2		3	2	2	4		2			1	5		1	4	126	21
寛政								1							2					2			1			1											2		1							2				1	13	8
文化	1800		1												1				1																1				2												6	14
文政			1												1																				1	1	1	7	1	1											14	22
天保															1					3											1	1		1				5	1									1			14	47
F_3		3	9	5			1	6	8	1	9	8	10	1	11		1	2	2		3	2	12	6		4	2		1				1	10	6	2		12	2	6	3		1				1			2	153	42
弘化																																																				38
安政	50										1	1							1											1					4	9	1	1		3						1					23	24
R 万延・文久・元治	60							1	4	1		2						1	1						2													1	1													
R 慶応・明治			1	2			2	6	4		4	6	1		4	4		1	2	2	2		7	6	1					4					1	1		8	1				1			1			1		87	38
計　県別		7	16	11	2	3	4	17	21	8	16	20	17	2	25	4	4	6	15	14	7	10	32	16	4	11	2	2	2	10	2	2	2	19	23	20	7	44	17	14	7		4	0		5	6	1	5	7	493	381
計　地方別		36				89							52					100							21					16				113					38			4				24						
内わけ　飢饉期の和 ΣF_1		29				55							35					64							16					6				44					19			3				15					286	79
内わけ　動乱期 R		3				30							9					22							3					4				11					2			1				2					87	38
内わけ　平年期の和 N		4				4							8					14							2					6				58					17			0				7					120	264

■図Ｖ－１

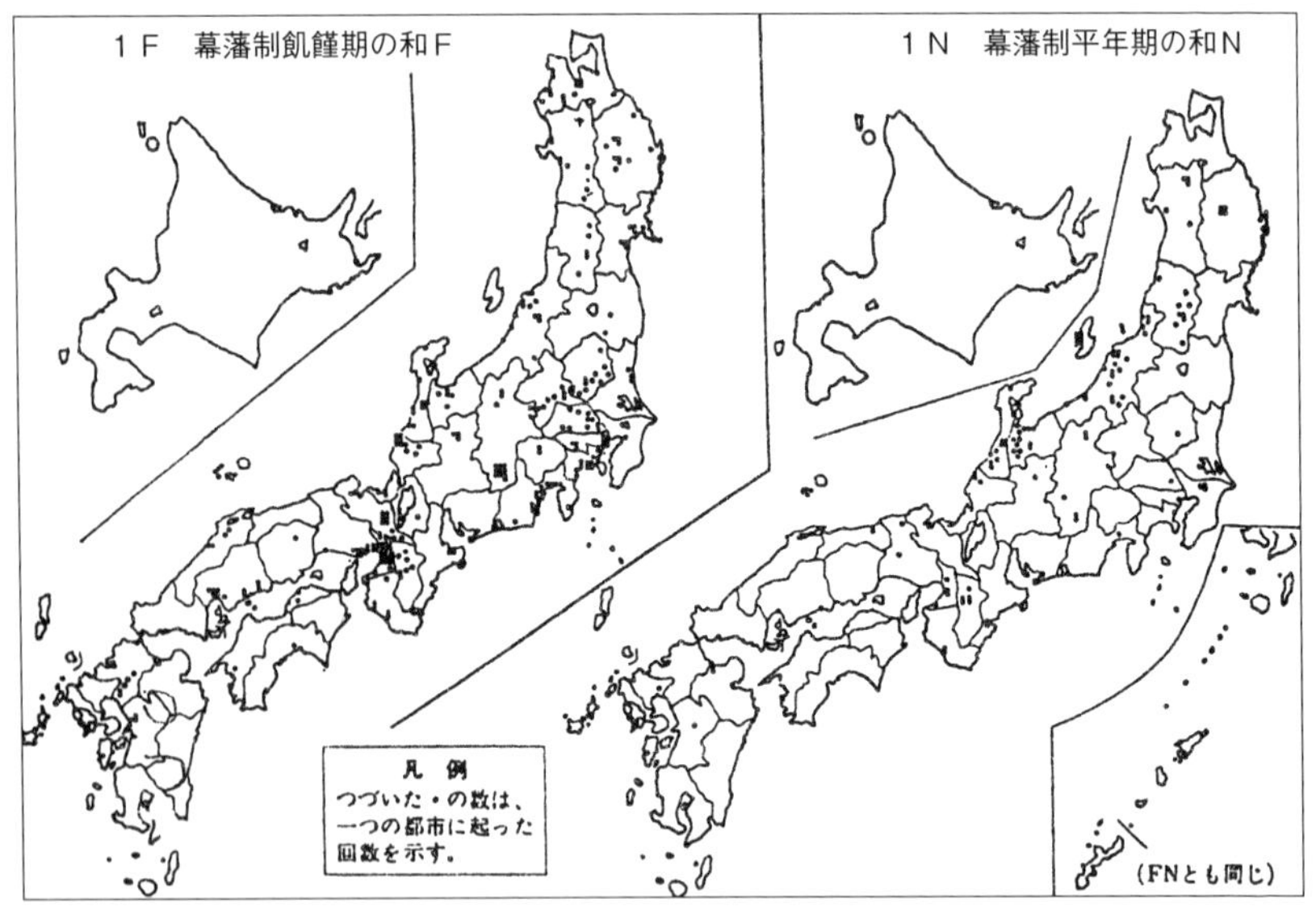

平年期　N-part……若狭･越前以北の日本海沿岸地帯、海港及び九頭竜川～最上川（雄物川？）の河川沿いでの津止め（積出阻止）に始まることが多い。

飢饉期　F-part ……大坂を中心とする畿内と、関東西半から駿河湾にかけての街道沿い（多くは宿場町）に目立つ。図１Ｎには空白に近かった東北北端部（ことに青森県）にも見られるが、飢饉が直接に猛威をふるったこの地方よりも、都市の発達した上記地域に集中することは、米騒動というものが米の生産量に関係はしていても、その直接の結果ではなく、流通過程における収奪（特権商人等）が関わっていることを示す。

幕末維新期　R-part ……表Ｖ－１の下部に明らかな如く、安政開港による経済混乱のためか関東に急増、大政奉還期には将軍の来ていた大坂から官軍の道に沿い関東に拡がる。

いる。図Ⅴ－1を見ると同じ「西回り航路」沿いの山陰や瀬戸内、九州の筑後川沿岸や、盛岡を中心とする北上川沿いにも、積み出し地帯らしい頻度が見られる。

（2）新潟湊騒動などで自治権獲得

そのような航路沿いの新潟の一七六八（明和五）年の湊騒動を見よう。米の集散地だから米価が吊り上げられて困っているところへ藩が御用金を課したので、延納を求める回状が出たり集会が持たれ、頭取の涌井藤四郎らを逮捕したところ、九月二六、二七日、町役人・米商宅の打毀しが起こった。奉行所は涌井を解放する一方、発砲で鎮圧しようとしたが、町民の「割木礫（つぶて）」にかなわず、奉行所に替わって涌井らが統治する二十日間が続いた。幕藩制下に於けるこのような自治権獲得は歴史的意義を持つものであり、この年は大坂でも家屋敷の質入れに対し差配書奥印を付して世話料を取ろうとした幕府に対し「惣町」の闘いが起こり、青森湊騒動（一七八三年）、伏見の文殊九助らの直訴（一七八五年）など、明和～天明期には特徴的な闘いが行われた[6]。

3　天明・天保飢饉期の米騒動

天明年間は冷夏の飢饉期で、殊に一七八三（天明三）年の東北は夏に袷を着たほどで、そのうえ浅間山が大噴火して溶岩流が利根川に入り熱湯が村々を襲って人命を奪い、火山灰が広範囲の収穫を無にした。そのときを狙って商人・豪農らが買い占め・売り惜しみで値を吊り上げたから、七月から翌春にかけ全国各地、殊に青森・仙台・白河・越前三国・加賀宮越・上州・信濃などに一揆・打毀しが広がった。青森や仙台では藩の江戸回米が買い占め・売り惜しみを一層そそったから、仙台では打毀し勢の中に侍も混じっていた。

八四年五月を境に事態はやや落ち着き、八五年は作柄も良かったが、八六年は再び大凶作となり、騒動が再燃した。一二月に備中・備後の幕領で強訴が起こって福山・広島などの諸藩領に広がり、翌八七年（天明七年）の五月から六月にかけて江戸・大坂をはじめ全国諸都市で、米価騰貴による打毀しとなり、近世最高の都市騒擾期となった。

もう一つの大飢饉期、天保のそれが本格化するのは一八三三（天保四）年である。（播州）加古川流域の米の川下げ移出に反対する、九月一〇日の集会の呼びかけから始まった。一二日夕から一五日までの間に役人の鉄砲も奪い取って二〇八軒を打毀したが、米商らの帳面・証文・家財を残らず破壊しているところに、民衆を苦しめる者への怒りの激しさが顕れている。その伝播は大坂周辺から、江戸周辺の熊谷・草加・千住まで、秋田の土崎港・阿仁（あに）銅山や湯沢まで、全国に広がっていった。

一八三六（天保七）年には甲州郡内地方・三河加茂地方から始まって、「世直し神」の登場となる。そこにはもはや領主権力に「御恵み」を求める姿はなく、視野の広さ・したたかさを身に着けていた。そして翌三七（天保八）年二月に「大塩平八郎の乱」が起こり、幕府の江戸回米強制が蜂起決行の理由の一つと主張されているが、檄文には権力の失政が厳しく批判されており、大塩称賛の声は天下に満ちみちた。

4　争議型と街頭型、移入（大消費）地帯と移出地帯

（1）争議型と街頭型

軍資金として金銀を要する支配者や武将たちにより早くから開発された鉱山町には、多くの人夫・技術者・商人や女たちが集まり、食糧の集中的な消費地になっていたから、羽後（秋田県）・佐渡相川・石見大田・但馬生野（兵庫県北部）などの鉱山町では、米騒動が少なからず起こっていた。また交通・運輸関係（中馬・仲仕・渡し場人夫など）や塩田では、野外の集団労働のため賃金交渉が比較的早く始まり、古い現物給与の習慣と絡んで、米価値下げと賃上げ要求の併発が見られる。生野の一七三八（元文三）年と一八一九（文政二）年、相川の一七三九（元文四）年と一七七五（安永四）年、羽後院内銀山の一八六四（元治元）年や、播州赤穂塩田の一八二九（文政一二）年などである。

ヨーロッパの場合、イタリア北半では一三世紀以来の花形産業だった毛織物の職人が、イギリスなどでは石炭が家庭燃料になっていたから坑夫の賃上げ争議が、街頭の食糧騒擾と合流し、食糧騒擾に賃上げ争議を含めるのに違和感がなかった。日本の場合も金沢の金箔打ちや飯田の元結いなど

同職集団が集住する際には、街頭米騒動に合流・指導してきた例はある。しかし毛織物も炭坑も近代以前には無く、鉱夫・塩田夫、交通・運輸労働者は離れた野外だった上に石高制だったため、藩米・扶持米の換金率を吊り上げる特権商人を標的にする街頭騒擾だけを米騒動という視野狭窄が生じていた。

(2) 移入(大消費)地帯と移出地帯

畿内や東海側が有利な商品作物や加工・製造段階に進んでいるのに、日本海側で主食の米ばかりを積み出していた背後には、米作りモノカルチャーを強いられてきた従属の歴史があった。脊梁山脈を背に対馬暖流を前に大陸から偏西風を受ける日本海側は、降水量が世界屈指で稲作に適し、海流が岸に沿っていて(シベリア風の冬季を避ければ)太平洋側より航海も安全である。それで律令体制期以来「えぞ地」征服の食糧・兵站基地として水稲単作を要求された。移入地帯は大消費地帯で都市が大きく、米騒動も一件当たりの参加人員が大きく、また権力の所在地を含むので、政治的な決め手になる騒動が多いが、移出地帯は港町など以外は都市が少なく参加人員も少ない。近世に西回り航路・北前船という商業的な形になって、その米を増産するニシンなど北海漁肥も売るようになったので、[7]「買い積み船」という意味か「バイ船」と俗称するようになっていた。

5　近世の富山湾沿岸は、北前船も米騒動も少なかった

北陸の米騒動が能登半島と越後・佐渡の周辺に多いというとき、富山湾という言葉が避けられていることに注意しなければならない。これは西回り航路自身がそうなっていたからである。いわゆる北前船は近江商人の進出で敦賀・小浜から始まって、加賀「百万石」の回米で能登外浦に拡大し、他方で佐渡金銀山と江戸を繋ぐ新潟湊周辺で発展した。しかし大船禁止令で一枚帆だった当時の和船は、能登の内浦つまり富山湾へ「一度入り込むと抜け出るのが厄介だった」から、避けたという。実際、図Ⅴ―2を見ると、主要航路は能登先端の輪島から佐渡・新潟へ直行し、富山城下以東はローカル航路さえまばらである。

それでも加賀に近い越中西部では、図Ⅴ―2に見るように小矢部川・庄川が米を高岡・伏木へ積み下ろしていたので米騒動があったが、それ以東は米騒動が殆ど無かった。図Ⅴ―3は日本海側と東北太平洋側の都市騒擾を図示したものであるが、上下左右を比較してみると色々のことが判る。

(イ)津川以北の日本海側東北と、岩松以北の太平洋側を比べると、都市騒擾の総数は日本海側が少し多い程度であるが、米騒動数は日本海側が圧倒的に多く、殊に平常期（非飢饉期）に多い。

これは西回り航路の港町や鉱山が多いためである。

(ロ)下段の宮津以西の山陰では、平常期の米騒動は生野・石見大田など鉱山周辺にしか起こってお

（『日本海海運史の研究』福井県立図書館・福井県郷土誌懇談会共編、1967年）

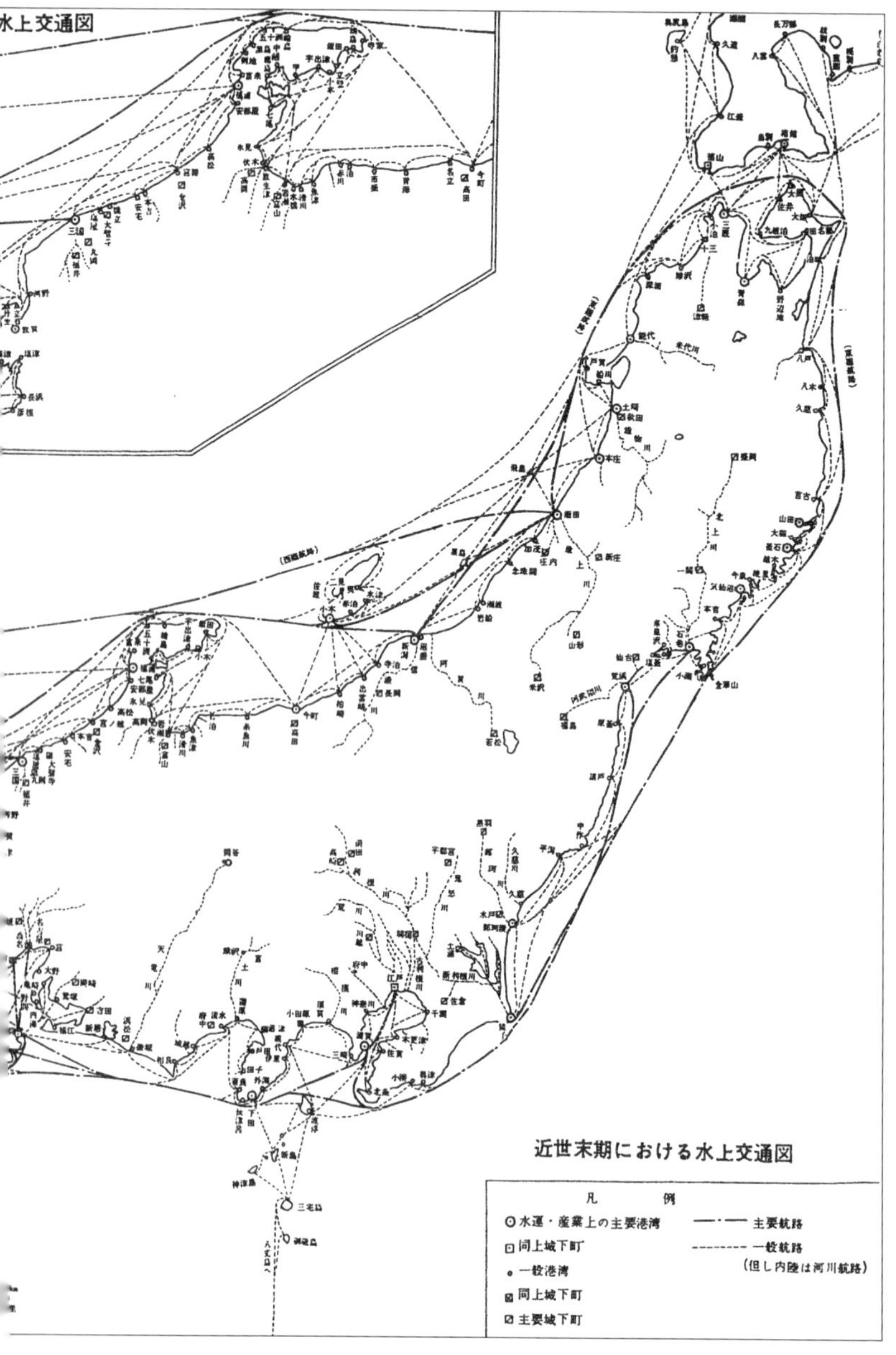

■図Ⅴ－２　近世末期における水上交通図

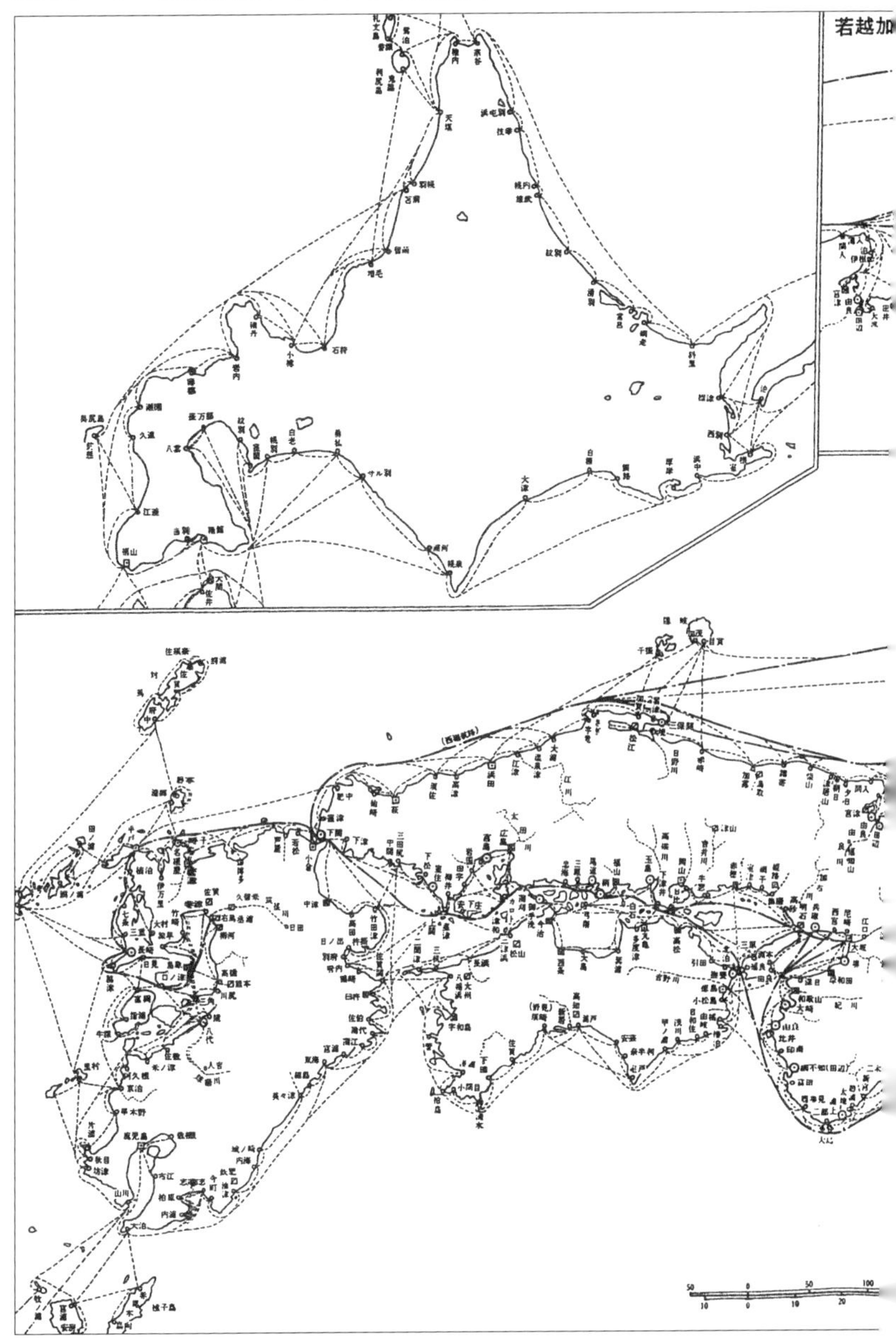

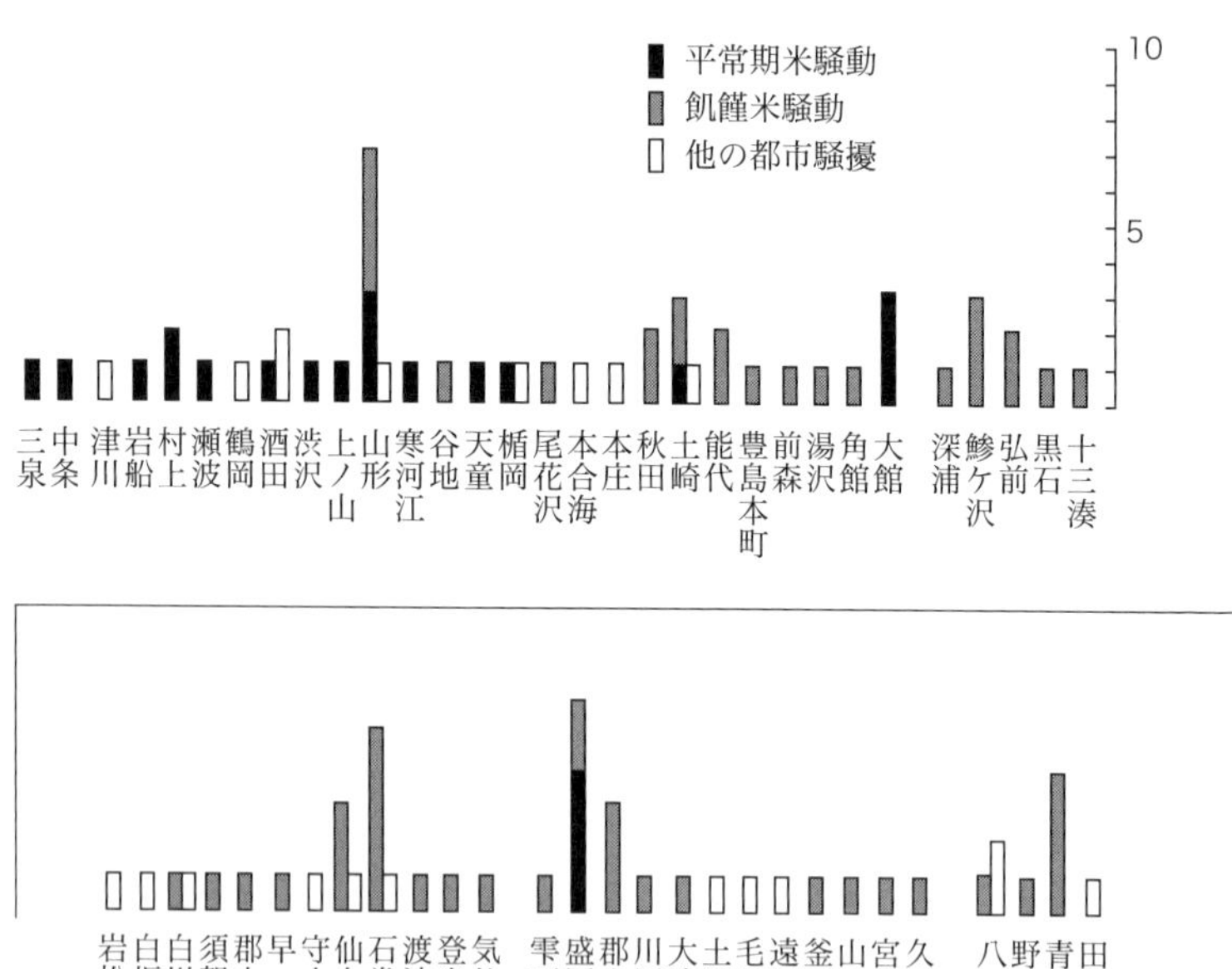

ハ）相川のような鉱山町、新潟・三国・石巻・小松・直江津・出雲崎・土崎のような港町のほかは、都市騒擾総件数が多いのは、富山、金沢、山形、盛岡、鳥取、松江、青森のような集散地を兼ねた城下町である。

ニ）米騒動件数は、城下町とその外港では後者の方に多い（長岡と新潟、福井と三国、高田と直江津、秋田と土崎、鶴岡と酒田）。

■図Ｖ－３　都市騒擾比較（日本海沿岸と東北太平洋側）
（『近世都市騒擾史〈原田伴彦著作集 別巻〉』の年表に含まれているもののみ）

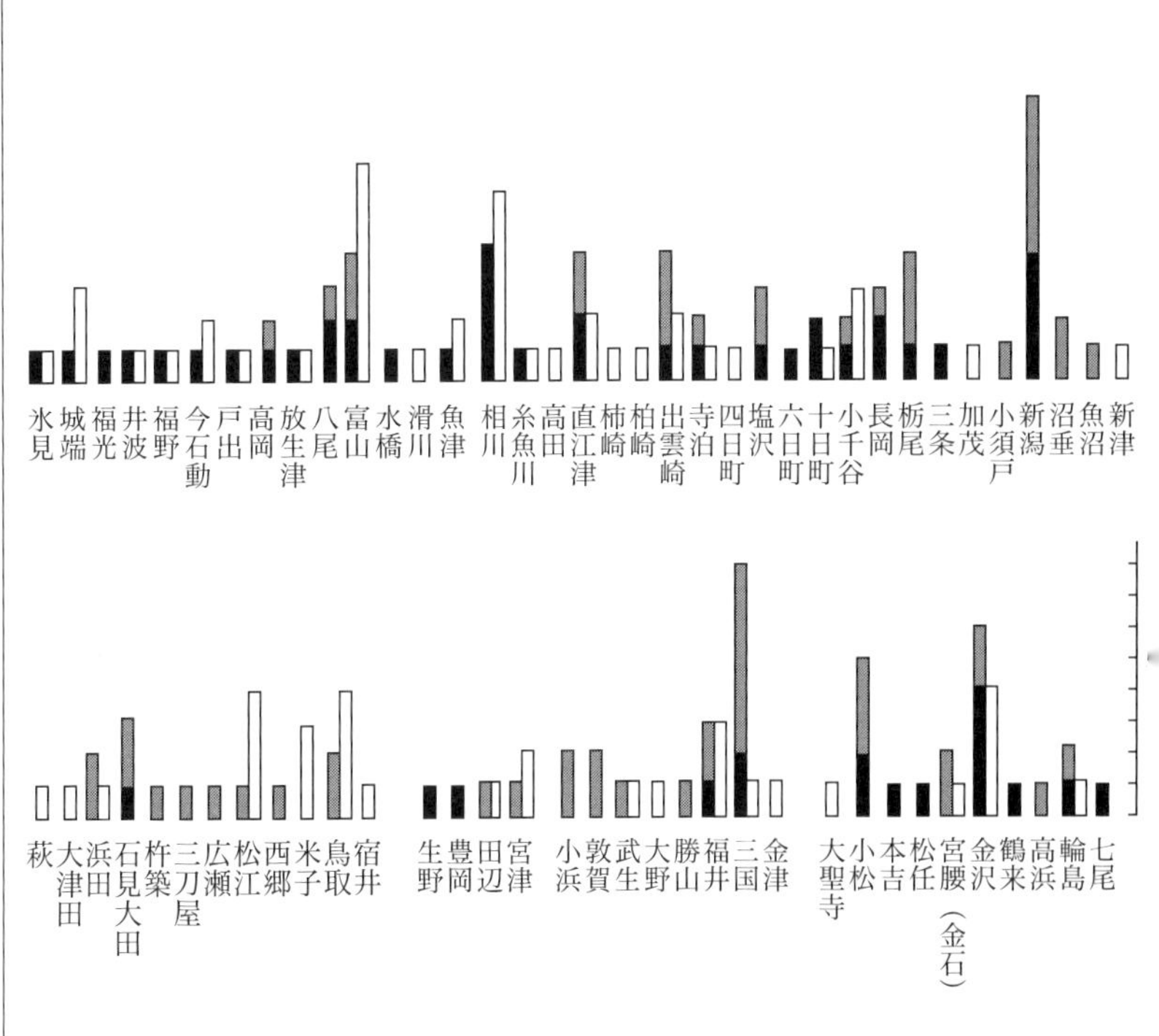

イ）津川以北の日本海側と東北太平洋側を比べると全都市騒擾数は51：49とあまり変わらないが、全米騒動件数は41：37、平常期米騒動件数は17：４で、日本海側の都市及び階層分解が米の流通に関わるところが大きいことが解る。

ロ）宮津と若狭の境で、頻度など傾向が山陰的に変わる。
山陰では平常期に米騒動が起こっているのは、生野・石見大田などほとんど鉱山町だけ。

らず、西回り航路沿いでも米移出が少なかったことを思わせる。

(ハ)小浜・敦賀など若狭以東〜輪島・七尾までの能登外浦と、佐渡相川から中條までの越後に米騒動数が、しかも平常期を中心に多く、西回り航路の積み出し中心だったことを気づかせる。

(ニ)その間に挟まれた氷見以東が越中であるが、富山城下以東（魚津など）は僅かに過ぎない。

以上でも判るように、富山県が北陸の〈街頭型〉米騒動の中心になるのは、加賀藩に取られていた越中米が廃藩置県で戻ってきたのを北海道に運ぶ明治前期からに過ぎない。そしてそれも鉄道の進入とともに西から消えていったので、鉄道開設の後れた県東半（新川郡）に残っていた大正期だけを見て、古来の米騒動地かのように宣伝するのは、全くの誤りである。立花雄一は『隠蔽された女米騒動の真相——警察資料・現地検証から見る』（日本経済評論社、二〇一四年、八三〜八四頁）で、「恐らくは縄文以来……」、「世界史的にも特異であろう」とまで誇大妄想し、それに合わせて『横山源之助伝——下層社会からの叫び声』（同、二〇一五年）で横山の生涯をまで書き誤まっている（拙著『米騒動という大正デモクラシーの市民戦線——始まりは富山県でなかった』現代思潮新社、三四〇〜四四頁、又は本論集Ⅱの二七七〜九三頁を参照）。

註

（1）イケガミ・エイコ、チャールズ・ティリー著／二宮宏之訳「フランスと日本における国家形成と抗議行動」（鵜川馨、J・L・マックレイン、J・M・メリマン編『江戸とパリ——近世における都市と国家』岩田書院、一九九五年、六二九～三〇頁）。

（2）同右、六三五～三七頁。

（3）同右、六五七～五八頁。

（4）岩田浩太郎『近世都市騒擾の研究』吉川弘文館、二〇〇四年、一五～一八頁。

（5）同右、一八～一九頁、三四～三五頁及び第十章。

（6）新潟湊騒動から天明・天保期については、例えば保坂智・浅見隆「一揆と打ちこわし」（青木美智男他編『一揆 2　一揆の歴史』東京大学出版会、一九八一年）が参考になる。

（7）井本三夫編『北前の記憶――北洋・移民・米騒動との関係』（桂書房、一九九八年）の巻末解説を参照。

第6章　食糧騒擾の西欧型終焉と、経路別近代化

1　英仏の一八世紀後半以後

(1) イギリスは産業革命下の食糧騒擾で、穀物輸出制限に戻る

イギリスの食糧騒擾は一七五六、五七年には一八〇数件も起こり[1]、六六年もほぼ同じ地域に約一八〇件で、ウェールズでは殆ど起こらないが、スコットランドでは北部まで起こっていた。この時期の英国民の貧困の分析は、マルサスやリカード、シーニアなどの古典経済学に続いて、マルクス、エンゲルスの経済学形成の基礎になったもので、農業革命と第二次囲い込みで土地から「解き放たれた」人々の大群が、急膨張する工業都市の劣悪な環境、何の保護もない労働条件下で搾取され、栄養不良・疾病状態で、些細な物価上昇にも耐えられない状況にあった。

しかし、そのイギリス食糧騒擾が一七七一～七三年には七〇件、一七七六～九三年は五九件と急速に減り、ブリテン島の南西端（コンワール半島）と東北端（スコットランド東北部海岸地帯）だけに収縮する。イギリスの産業革命は一七七〇年前後とされるが、産業資本がヘゲモニーを執り、労働

者に払う賃金の基幹部分である食糧価格を平準化すべく、穀物の輸出を制限し、イングランド中部・東部からオランダに向けられていた穀物の殆どが止められたからである。そのためオランダは再びバルト海方面の穀物に頼らねばならぬようになり、七〇年代から経済危機に陥り、衰退要因の一つとなる。

(2) 対仏戦争下イギリスの食糧騒擾

ところがその減っていたイギリスの食糧騒擾が、一七九三年からの対仏戦争下では再び大々的に広がらざるを得なかった。

(イ)一七九四～九六年：一七五六～五七年のそれより大きな、英史上最大の食糧騒擾で、[2] トムプスン[3]もイングランドに起こらなかった地域のない英食糧騒擾史のクライマックスと呼んでいる。不作続きで農民の購買力が落ち、不況になった企業が労働者を解雇・減給し、対仏戦争で穀物輸入が途絶し、北ウェールズでは炭鉱夫、西南端のコーンワールでは錫鉱夫が穀物移出を阻止して売り、イングランド南辺では仏軍の侵攻に備える軍隊・義勇軍の駐留で騰貴していたからである。地域内輸送さえ襲撃される時期で、ディーンの森の鉱夫たちはそれを戦術的に用いた。

(ロ)一七九九～一八〇一年：一七九四～九六年につぐ大騒擾期[4]で、九九年が不作だったのでその一二月から翌一八〇〇年三月にかけ穀物が騰貴し、工業地帯で不況が始まっていたので、第一集中期がランカシャーやヨークシャーの工業地帯、南ウェールズの工業地域、一七九四～九六年には全く起きなかったスコットランド中央低地（一八〇〇年の二月グラスゴー、五月エディンバラ）で、都市の食料品店・飲食店の襲撃が相次いだ。第二の集中期は同年後半で、豊作を信じていた消費者たちが、農場主や仲買・商人が値を吊り上げていると思って襲撃したものである。
[八]一八〇六年以来のナポレオンの大陸封鎖による一八一〇〜一三年：脱穀機などの技術革新が農業労働者や羊毛織職人に与えた影響もあって、一八一一〜一二年はラダイツ（機械打毀し）運動の時期だったから、一一年三月バターの値「直し」騒ぎ、一二年の麦価最高期にランカシャー、チェシャー工業地帯、ヨークシャーのウエスト・ランディングで起きた食糧騒擾は、機械破壊と政治アジテーションを伴った。例えばストックポートで蒸気織機とその所有者宅を襲った男たちは、翌日、一隊はマッセルスフィルードで穀価騒動・工場攻撃を、他の一隊はハイドのジークロスで穀倉・製粉所を破った。

(3) フランス一九世紀前半の食糧騒擾

最大の食糧騒擾は、復古王政期の一八一五、一六年の不作・凶作で一六、一七年に起きた。一六年三月末〜四月に穀物移出地帯で買い付け商人や輸送馬車が阻止・暴行されたが、同年も凶作で同一〇月〜一七年夏に全国で食糧騒擾が頻発した[5]。

二七〜三二年、三八〜四〇年、四六〜四八年にも不作による騰貴で食糧騒擾が起き、二八年には九件、二九年には三〇件を数える。以後三二年まで不作が続き、殊に三〇年は一六年以来の不作で西部中心に食糧騒擾が続発し、七月革命の政治的影響もあって三〇～三一年の秋冬に第一のピーク、共和派蜂起・西部反乱が起きた三二年六月に第二のピークを迎え、生誕まもない七月王政に流通政策を急務とした。この時期に貿易（保護関税政策）などは別として、独占容認の経済自由主義下で救貧政策が明確に打ち出されてくる。産業革命下の賃労働者化に対する社会政策である。[6]

四六年からの食糧騒擾は全国規模で多発し、四七年には小麦の欠乏・価格騰貴で北西部全域で輸送中の小麦が武装民衆に襲われ、七月にはパリの下町でパン屋が襲撃された。市町村の介入は失業労働者吸収の公共事業、貧困層向けパン割引券配布に限定されていたが、穀物輸入禁止を四七年に廃止して国内価格に反比例するスライド関税に変えられ、穀物海上輸送税も廃止された。独占容認の経済自由主義による軋轢（あつれき）を輸入自由化・救貧政策で解消しようとするものであった。[7]

2　食糧騒擾の西欧型終焉

前述のように、産業革命下の穀物輸出制限で減った英国食糧騒擾は、英仏戦争で復活しナポレオンによる封鎖で一八一三年頃まで続いたが、以後はスコットランドの北東辺など一部移出地帯に残るだけで、イングランドではほぼ消える。G・リューデは「群衆」の街頭騒擾は前工業化社会のもので、労働組合や政党などによる間接的組織的行動へ移ると主張し、イングランドでは一八三〇～五〇年が移行期で、「イギリスでは一八四七まで生き残り、フランスでは一八四八年に最後のお目見えをした」と書く。フランスの四八年二月革命は、欧州全域に三月革命を広げたが、この時期フランス、ベルギーは産業革命で経済自由主義に徹して、穀物輸入を自由化（輸入禁止を廃して国内価格に反比例するスライド関税にし、海上輸送税も廃）し、救貧政策に努める。イギリスでも一八三九年に反穀物法同盟が組織されて以来、産業資本家層が激しい運動を展開し、四六年にピール内閣により穀物法廃止（輸入の無関税化）が実現した。

英仏とも産業革命後に食糧騒擾が消えていくのは、労働者に払う賃金の基幹部である食糧価格を平準化する必要から、また農（畜）産物への投機より整備された工業に投資する利の方が大きいことから、穀物輸入の自由化などで、農（畜）産物を商品化する農業ブルジョワジーを抑えるからである。農（畜）産物の商品化が社会の副次的なウクラードになれば、食糧騒擾は消えるものであることを示している。食糧騒擾の西欧型終焉と名付けておこう。

3　プロイセンのドイツ帝国への過程と食糧騒擾

進んだ西欧の影響は東へ伝播して中・東・南欧に広がっていくが、そこでの変革は西欧のそれと異なり、食糧騒擾の起こり方も異なるものになる。プロイセンの場合から見ていこう。

（1）一八世紀の食糧騒擾

ドイツ圏での中世来の市場規制は、都市共同体のなかでの買い占めと（都市指定の市場以外や市民が買う前の）先買いの禁止が基本で、都市内で消費されるパンの販売はパン屋ツンフトが独占権を持ち、価格は市当局が公定するのが普通であった。都市の自治権を奪って権力を集中した領邦国家も、その市場規制を引き継ぎ強化したので、一八世紀プロイセン王国の主要都市でも、諸法令は殆どその種のものであった(8)。

しかし一八世紀後半になると、これらの規制を廃棄すべきとの経済思想が一七六〇年代から啓蒙知識人を中心に広がり、ベルリン市長などプロイセン官僚にも影響した。アダム・スミスの『国富論』が規制廃止を支持していることが紹介され、穀物の流通規制に厳格だったフリードリッヒ二世が（一七八六年に）歿すると、ベルリン大学総長シュマルツの経済自由主義の形で、官僚層に浸透していった。しかしまさにこの時期に、それまで見られなかったような食糧騒擾の頻発が始まった(9)。一七九〇年代の抗議の波は一八〇六年まで続く(10)。食糧騒擾は一七九〇年代に三四件、次の一〇年間に一六件で(11)、以下のように分類される(12)。一七九〇年代の二四件はプロイセン直属の港湾都市や沿岸都市のプロト工業ないし初期工業地域であるが(13)、一七九〇〜一八〇六年の二六件のうち一四件はバルト海沿岸近く、三件は輸出志向の強いマルデブルグ沃野、七件はプロト工業地ないし鉱山地域だった。職人やマニュファクチャー労働者のストには、パン価格に見合う賃金を得ようと暴動化するものもあった(14)。

このような食糧騒擾頻発にも拘らず、経済自由主義が官僚層に浸透し続けたのは、彼らが大土地領主層そのもので、英国向けなど穀物輸出で大きな利益を得ていたからである。一七八六年以降、穀物貿易の自由化を試み価格暴騰が起こると中止したが、まだ高値の九五、九六年でも豊作になると大臣シュレッターらが小麦の無制限輸出に踏み切った。九九年から再高騰で中部諸州の小麦輸出は許可制にしたが、西プロイセン州財務庁は一八〇二年に「買い占め・先買い」規制の撤廃を提案し、シュレッターも〇五年の食糧騒擾直後に同様に発言をしたが、〇七年までは実行していない。

このようにプロイセンの一八世紀末の穀物流通政策は動揺し、流通規制は崩れつつあったが、根本的廃棄が試みられるのは一九世紀の改革に於いてである[15]。

(2) プロイセンの覚醒と四八年三月革命の帰結

プロイセン覚醒への衝撃は、第一にナポレオン指揮のフランス軍による占領、第二にフランスの七月革命であった。プロイセンにも「上からの」改革（内閣制・農民解放・営業自由・国内関税撤廃など）が始まって一八三四年にドイツ関税同盟で国民市場を形成し、領主制的諸関係の廃止や農民解放を行いつつ市民革命（四八年の三月革命）を抑圧した。三月革命下でも各地で食糧騒擾が起こり、三月一八、一九日のベルリン蜂起の参加層を戦死傷・逮捕者八七二名の統計で見ると[16]、下層民（手工業職人・労務者など）八五・五%、市民三・三%、中間層九・四%とある。年末には反革命が台頭して保守派が閣僚に就任し、ベルリンに戒厳令（一一月）を敷いて一二月に国民議会を解散し、「欽定」憲法を発布して政府主導の産業革命を六〇年代に進行させた。そして対デンマーク・対オーストリア・普仏戦争と軍事的勝利で民族的支持を集めて、プロシャ王のドイツ皇帝への格上げにより、七一年にドイツ帝国への統一を完成した。

四八年の三月革命を抑圧して「上から」産業革命を導入したので、旧支配者である大土地所有層が産業資本家を兼ねて穀物で儲けることを止めないので、西欧のように食糧騒擾が終わらない。そしてその「上からの」産業革命で生まれた労働者階級が食糧騒擾を主導するようになった。

4 東回り「上からの近代化」と、経路別近代化論の必要

(1) 東回りの「上からの近代化」

イタリアでもオーストリア領や南北シチリア王国領になっていた地域の回収戦争を行い、トリノのサルジェニア王のイタリア王への格上げで、六一年に統一に成功した。共通するのは、市民革命・産業革命を経た先進の西欧を前に、(市民革命抜きで)産業革命・諸制度を移入する「上からの近代化」である。欧州周辺部のロシア、オーストリア、スペインなどでは、中・近世にそれぞれ異民族のタタール、オスマントルコ、イスラム教徒の脅威への対抗集権で生まれた君主制があり、その専制が一九世紀後半にも続いている下で、西欧の産業革命・諸制度を(市民革命抜きで)導入したので、やはり「上からの近代化」といえよう。

そして以上の中東南欧の国々はみな、西欧の影響が東回りに伝わってきているので、東回りの

「上からの近代化」といえるであろう。

(2) 同心円的な「世界システム論」でなく、経路別近代化論を

同じ西欧からの影響でも、「西回り」では「新大陸開拓」が民族絶滅まで行って後を奴隷制で補い、その奴隷をアフリカから積み出した「南廻り」は、喜望峰をインド洋へ出て植民地化を徹底して行い、中東は砂漠・パミール高原の蔭でオスマン帝国の余勢に守られていた。「東回り」の中・東・南欧の国々が、「西回り」や「南回り」のように民族絶滅や植民地化にならず、「上からの近代化」で済んだのは、欧州内で西欧との格差が大きくなく漸次影響されたためと思われる。このように同じ西欧からの影響でも、「東回り」「西回り」「南回り」「中東」で大きな差がある。コースごとに地理的・歴史的条件が異なっていたためであろうが、その点でウォーラーステインの同心円的な世界システム論は単純に過ぎる。経路別近代化論で考えていくべきである。

5 「上からの近代化」は「対抗集権制」の一九世紀版

「東回り」近代化が「上からの近代化」になったのはなぜであろうか。一般に外圧下の共同体が君主などを結束の表象に掲げて対抗的改革を図る、「対抗集権制」とも呼ぶべき例は歴史に極めて多い。回教徒支配下にレコンキスタ（国土回復運動）が起こったイベリア半島では、一二世紀のポルトガル

独立からスペイン王国成立（一五世紀）まで、集権国家の早期形成が見られて「大航海時代」幕開けの基礎ともなった。東方騎馬民族の襲撃に曝されていた地域でも、一五世紀にモスクワ公国が起こって一六世紀にロシア帝国となる。ハプスブルク家が神聖ローマ皇帝を世襲化しオーストリア帝国として大をなすのも、一五世紀以来オスマントルコの脅威下にあった欧州の、東の防壁を以て自ら任じたからに他ならない。「匈奴」などの進入が繰り返された中国でも例は多い。革命後のフランスでナポレオン帝政が誕生したのも、第二次対仏同盟の外圧下であった。

このように古今東西の歴史に「対抗集権制」の例は多い。外圧が苛烈に過ぎず「対抗集権」で生き残れた際の改革が「上から」になるのだとすれば、西欧との差が比較的少なかった東の欧州諸国が、「上からの近代化」になった理由が説明できる。つまり「東回り」の「上からの近代化」は、「対抗集権制」の一九世紀版に他ならない。「上からの近代化」の君主は民族共同体の表象に他ならず、専制も浪費もしないから、恨みを買って断頭台に上がらねばならなかった絶対王政の君主と異なり、実質的な権力は王座の下に立つビスマルクやカヴール、岩倉や大久保にあって、君主は彼らによってプロシャ王・サルジェニア王からドイツ皇帝・イタリア王へ格上げしてもらい、西郷や山岡鉄舟に相撲を取ってもらう一五歳の青年に過ぎない。

註

（1）近藤和彦「一七五六〜七年の食糧蜂起について（上・下）」（『思想』六五四号・六五五号、一九七八年

・七九年）。

（2）Charlesworth A. 前掲書六八～七〇頁、九七～一〇六頁、一一六～一一八頁に文献。分布図は九八頁。

（3）E.P.Thompson "Moral Economy of the English Crowd in the Eighteenth Century", *Past and Present*, No.50 (1971) pp. 76-136.

（4）Charlesworth A. 前掲書一〇〇～〇三頁に文献が見られる。

（5）小田中直樹『フランス近代社会　1814～1852』木鐸社、一九九五年、六六～六七頁。

（6）同右、一八五～一九二頁。

（7）同右、一九三～一九六頁。

（8）山根徹也『パンと民衆――19世紀プロイセンにおけるモラル・エコノミー』山川出版社、二〇〇三年、一五～一九頁。

（9）同右、二〇～二二頁。

（10）アルノ・ヘルツィヒ著／矢野久・矢野裕美訳『パンなき民と『血の法廷』――ドイツの社会的抗議　一七九〇～一八七〇年』二六頁。

（11）前掲、『パンと民衆』「史料と文献」三二頁。

（12）同右、二三～二五頁。

（13）前掲、『パンなき民と『血の法廷』』三〇頁。

（14）同右、三九～四〇頁。

（15）前掲、『パンと民衆』二六～二七頁。

（16）同右、三九～六二頁。

第7章　極東版の「上からの近代化」と米騒動の変容

1　日本はきわどい「極東版」の「上からの近代化」だった

日本の場合も一九世紀後半の欧米勢力の東漸（とうぜん）に抗する「対抗集権」として、民族的表象に復古天皇制を掲げ、その統一下で産業革命・諸制度の移植に成功したので、明治維新も東回りの「上からの近代化」と言えそうである。服部之総がプロイセン・ドイツと比較して維新を、資本主義世界体制に組み込まれていく外圧下での「上からのブルジョワ革命」と規定したのも、「上からの近代化」を指しており、大正デモクラシー期における近代史研究の最初の成果だったと言えよう。

ただし日本の場合は、「極東」にあって欧米との格差が大きく、中・東・南欧の国々が西欧との差が少なくて「上からの近代化」で済んだのとは異なる。「極東」は出発点の西欧とは地球の反対側にあって、各経路による到達者たちが再び出会う地点でもある。到達に時間がかかる上に、各コースで受けてきた抵抗によるスローダウンや経験の違いで、再会した諸勢力の「極東」での行動は異なり、それらの種々の組み合わせがあるが、主権を守りおおせたのは日本とタイだけである。（古代的な）天皇制への「復古」までした日本に似て、タイの場合も君主を仏陀の生まれ変わりとした民族的表象の下で、英仏のパワー・バランスを図ったのであった。日本の場合もフランスが幕府に関係を深めていたのに対し、イギリスは生麦事件後の薩英戦争を三日間で済まし、薩長など倒幕勢力と貿易・援助を行っていた。イギリス資本主義が未曽有の好況の「黄金時代」だったので、軍備拡大が必要な植民地保有より自由貿易理論の「非拡張主義」が、一八六〇年代から七四年の第一次グラッドストーン内閣期に全盛だったためとも謂われる。ロシア艦が一八六一（文久元）年の和暦二月から半年も対馬を占領して日本側が手も出せないでいたのも、イギリス東洋艦隊の来航で解決したのであった（宮地正人『幕末維新変革史 上』岩波書店、二〇一二年、一三八頁）。

しかも薩長連合による「大政奉還」クーデターの背後には極めて偶然的な要因が働いている。将軍家茂・孝明天皇の相次ぐ急死である。殊に皇女和宮の降嫁以来幕府との一体化を進めてきていた孝明天皇の死がなければ、京都での討幕派公卿・岩倉具視や三条実美らの復活、したがってその西南雄藩との提携はあり得ず、大政奉還は起こらず、起こったとしても慶喜の実権は続いて、岩倉の作った「錦の御旗」で鳥羽・伏見の戦いに勝つことなどあり得なかった。

このように極めてきわどいパワー・バランスの下で進行したものではあったが、ともかくも復古「天皇制」という民族的表象の下の統一で、産業革命・諸制度を移植したので、「極東型」の「上からの近代化」、対抗集権制の一九世紀・極東版だったと言えよう。

2 「上からの近代化」で食糧騒擾（米騒動）は消えず、労働者主導となる

「上からの近代化」で産業革命を移植しても、前章3（2）のプロシャの例で見たように、市民革命を経ていないと大土地所有層が産業資本家を兼ね、穀物で儲けることを止めないから、西欧産業革命の後のように食糧騒擾が無くなることがない。日本の場合も多くの地主が会社株主として産業資本家を兼ねる一方で、収穫の半ばにも達する高額小作料を、しかも現物で取る（米価の値上がり分が全部地主の手におちる）前近代的小作制度を許され、そうして取り上げた小作米ができるだけ高く売れるよう、米に輸入関税をかけさせていたから、米騒動は無くならなかった。

（1）「上からの近代化」による二重構造

廃藩・地租改正で、街頭型米騒動の標的になっていた特権商人とその倉が一斉に消え、全国流通で米価は遠い都会の取引所で決まるようになったから、街頭型は全国一斉に殆ど消えたが、米の積み出し状景が目につく米移出地帯や被差別部落その他の歴史的地域には残ることになった。そして同時に移植産業革命で生まれた労働者による賃上げと居住区消費者運動が一対の近代型米騒動として急成長した。

図Ⅶ－1は廃藩の一八七一（明治四）年からの、米価・一般物価・通貨流通量の変動を示している

■図Ⅶ－１　米価（下図棒線）および物価（下図破線）、貨幣流動量（上図）——３カ年移動平均値に対する比で示す

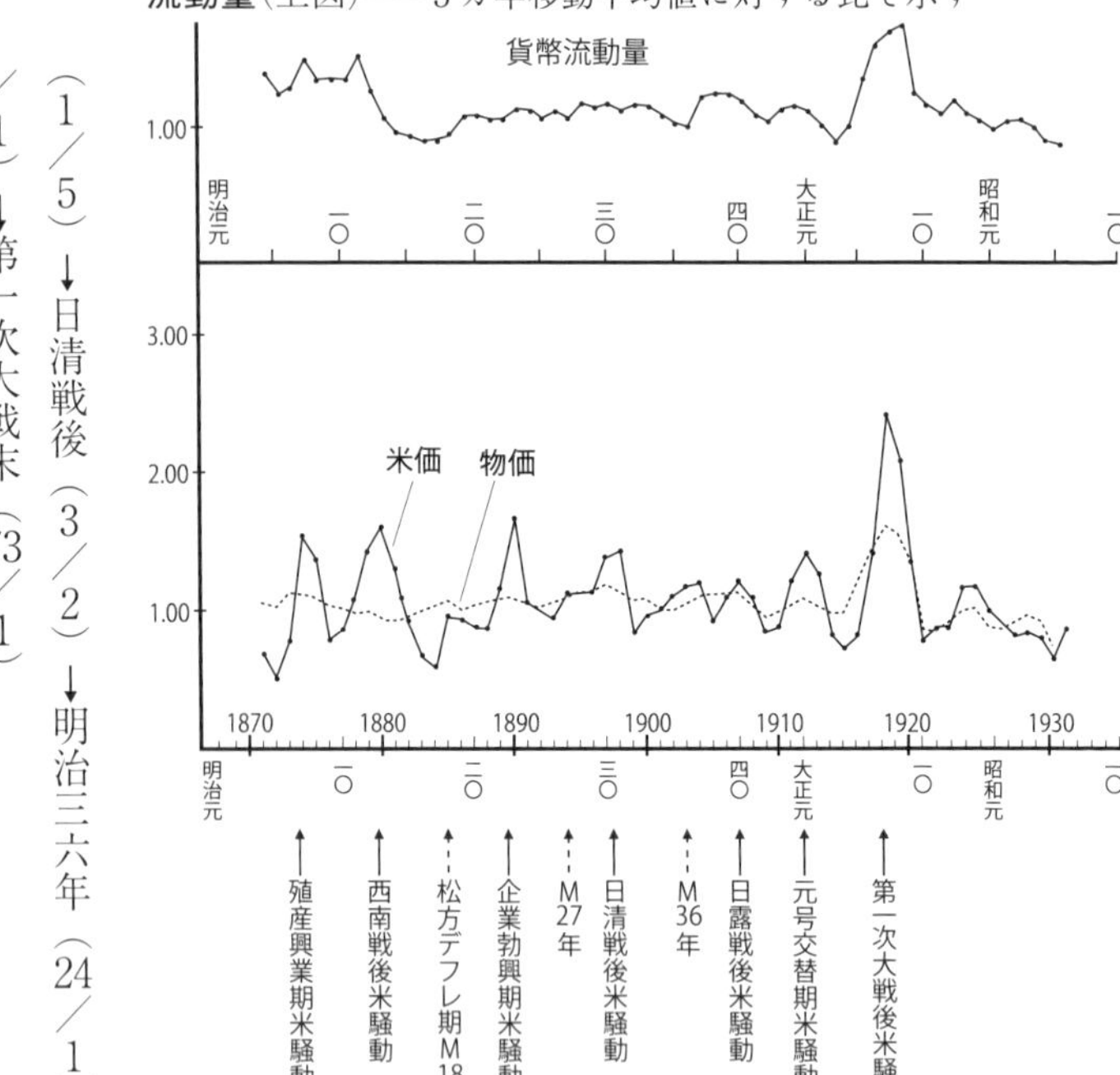

〈副文に「3年間移動平均に対する比で示す」とあるのは、各年とその前後の年の三年間の平均値を作り、それで各年の値を割った比をグラフにしていることを意味する。こうすることで貨幣価値下落などによる額面上の増減が分母・分子でほぼ相殺して、実質変動に近い値が見られる〉。その下に書いてある米価騰貴年の前後の労働争議件数を表Ⅶ－1で見ると、最初の殖産興業期は不明であるが、他のすべての米騰期に争議型の件数が急増している。比〈争議件数／街頭型件数〉を作ってみると、

　西南戦後（5／11）→企業勃興期（1／5）→日清戦後（3／2）→明治三六年（24／1）→日露戦後（171／1）→元号交替期（11／1）→第一次大戦末（73／1）

■表図Ⅶ－１　街頭型米騒動と労働争議　青木年表とあるのは青木虹二『日本労働運動史年表』第一巻（新生社、1968年）

年次	街頭型米騒動				集会型騒擾	労働争議				
	移出地帯			歴史的地域		暴動化				全件数
	北陸(新潟県〜福井県)	他の地方	小計			鉱山・炭鉱	他の職場	造船所・港湾	小計	青木年表
1874（明７）										
75（明８）	3		3							
76（明９）										1
77（明10）	2		2							1
78（明11）	2		2			2			2	4
79（明12）	4	1	5	3						3
1880（明13）	2		2	1		2			2	2
81（明14）		1	1					1	1	2
82（明15）		1	1							7
83（明16）						2			2	3
84（明17）	1	1	2			1			1	2
85（明18）	8	1	9	1						4
86（明19）	1	1	2							8
87（明20）										2
88（明21）	1		1				1		1	12
89（明22）	5		5	1		2			2	23
1890（明23）	31	17	48	8						7
91（明24）				1		2	1		3	12
92（明25）		1	1			1				17
93（明26）		2	2							15
94（明27）	1		1	1						8
1895（明28）	1		1							11
96（明29）										27
97（明30）	26	5	31	2		1			1	116
98（明31）	4	4	8	2						58
99（明32）		1	1							37
1900（明33）										39
01（明34）						1			1	35
02（明35）										31
03（明36）	1	1	2			2			2	47
04（明37）										10
05（明38）		1	1		3	1			1	32
06（明39）		4	4		1	1	1	1	3	36
07（明40）	2		2	1		7	3	1	11	238
08（明41）					1	2	2		4	104
09（明42）					1	1	2	1	4	45
1910（明43）					1	2	1	1	4	54
11（明44）	2		2							54
12（大１）	3		3							77
13（大２）					5		1		1	28
14（大３）					3					37

と急増している。企業勃興期→日清戦後のところで逆転しているように、日本の米騒動は「日清戦後産業革命」で決定的に争議中心型に変容してしまっていたのである（日露戦後は高税下の慢性不景気だったため争議件数が殊に大きい）。

一方、勤労者居住区での消費者運動も成長していた。早くも西南戦後米価騰期の一八七九（明治一二）年に、イギリスのロッチデール方式に倣う購買組合・消費組合が東京・大阪にできたが、旧士族インテリに限られたものだったので数年で消え、日清戦後米騒動期になって再生する。労働組合形成期でもあって労組内に作られたものは、一九〇〇年に治安警察法による弾圧で消えたが、学生消費組合や海軍工廠などの官府付属のものは産業組合法ができたこともあって続き、日露戦後には独自に発達して、全国購買組合連合会に消費組合連盟が組織されるまでになっていた。

（2）争議型は移出地帯街頭型より一〇カ月前後も早く起っていた

図Ⅷ－1と表Ⅷ－1を比較してみると、争議件数は、明治一三年が米価ピークの西南戦後では明治一一～一二年に、同二三年が米価ピークの企業勃興期には二一～二二年に、同三一年が米価ピークの日清戦後は二九～三〇年から、同四〇年が米価ピークの日露戦後は三九年から、明治四五年が米価ピークの元号交替期でも四三年からと、いつも争議件数増加が米価ピークや街頭型米騒動より一〇カ月前後も早い。これは一般に労働者は平素から集団で働いているので、米価が騰がればすぐそれに見合った賃上げに集団で（組合らしいものが無くても）押しかけることができるので、端境期(はざかいき)

や二百十日頃の天候不順から賃上げが始まるが、間もなく新米が獲れて値が一度下がり、余裕のある米産地で移出反対（街頭）型が起こるのは、米価がピークに達する翌年春以後になるからである。

（3）米騒動開始期・場所の誤認は明治期から一貫

それにも拘らず、米騒動といえば近世来の思い込みで街頭型しか考えなかったため、明治以来、近代型（争議型・消費者運動型）が始まっているのを無視して、それより一〇カ月以上も後れて、米に余裕のある移出地帯の富山県など北陸や東北南部で起こるのを始まりと誤っていたのである。

3　第一次大戦末米価騰貴の二階建て構造

以下では第一次大戦末の米騒動に「」をつける。その「米騒動」の実質米価騰貴率（米価騰貴率を賃金上昇率で割ったもの）を図Ⅶ－2で見ると、一九一七年春から二〇年春まで一貫する長大な米価騰貴の上に、シベリア出兵開始期の一八年後半だけ奔騰が載った二階建てになっている。「米騒動」は一八年夏に「シベリア出兵が始まったため」起こったといわれてきたが、その一八年八月初めの段階ではまだ少数の先発隊しか動いておらず、その何倍・何十倍もの兵力が動いた日清・日露の開戦時にはこのような米価騰貴・米騒動は全く起こっていない。しかもシベリアでの軍用米は全て植民地朝鮮から運び出したので、兵士が本土で食べるはずだった分だけ余るはずだったのである。

だからこの二階部分は、既に一七年以来米価が騰貴していたところへ「今度は戦争！」と来たための、純粋に投機的なもの、つまり一七年以来米価が騰貴していたから起こった、二次的効果に他ならない。

では、その一階の、一七年春から二〇年春まで一貫する長大な米価騰貴はどうして生じたのか。第一次大戦といえば総力戦の始まりということが近年は強調されるが、それは主戦場になった欧州列強のことで、アメリカや日本は儲かって仕方がなかった。主戦国の欧州諸国が輸入超過になったのみならず、彼らが支配してきた世界市場から手を引いたので、アメリカ・日本には未曽有の貿易黒字が生じ、中国・インドなども民族資本が成長して、後発近代化圏全体に民族自立への意欲が高まった。一九世紀後半の不平等条約体制期以来の欧州列強による外圧が、最大後退する時期が訪れたのである。未曽有の貿易黒字はこの「外圧後退」で生じたものなのである。

しかし、その未曽有の貿易黒字が、どうして米価・物価高になったのか。それを拡大再生産に用いれば国内消費の分も生産でき、米などの輸入もできて米価高・物価高になるはずがない。したがってその拡大再生産や米輸入ができていなかったことになる。そして、まさにそのような事情が、「上からの近代化」の日本にはあったのである。日本の産業革命は大規模機械生産ができるようになったという意味では、明治二、三〇年代に済んだことになっていたが、製造機をずっと英米などからの輸入に頼るなど、移植的な性格を遺していたので、戦時でそれが輸入できなくなると拡大再生産が頭打ちになった（このことについては第15章2で詳論する）。それで未曽有の貿易黒字が「金余り」に転じ、投機横行で物価騰貴を生じたのであるが、中でも騰貴が最も激しかったのが米である。生産額の半ばにも達する小作料を、しかも（米の値上がり分が全部地主の手に入るように）現物で取る前近代的な地主制が続けられており、しかもその取り上げた米をできるだけ高く売れるよう、地主層が政府に米輸入関税をかけさせていたからである。つまりこの米価・物価騰貴は、未曽有の貿易黒字が「上からの近代化」ゆえの旧構造と矛盾したために起こったのである。

日本近代の米価は図Ⅶ－1に見るように、第一次大戦末だけは突出した巨大なピークを成し、大戦期の実質米価（米価上昇率を賃金上昇率で割ったもの）が図Ⅶ－2のように一九一七年春から二〇年春までの一貫する大台の上に、シベリア出兵開始期の一八年後半だけの奔騰を上乗せした二階建てになっていた。したがって労働者の争議型米騒動（と居住区消費者運動）は、図Ⅶ－3に見るように一七年春から二〇年春まで一貫しており、一八年は一七、一九年とあまり変わらない。それゆえ第一次大戦末米騒動は、労働者階級の主導で一七年春から二〇年春まで一貫していたもので、一八年夏はシベリア出兵が重なったために加わった上乗せ部分だったのである。

ところがこのように基本的なことが、日本の米騒動研究では近年筆者が指摘するまで謂われておらず（前掲拙著『米騒動という大正デモクラシーの市民戦期――始まりは富山県でなかった』の「はじめに」を参照）、一八年夏二、三カ月の街頭騒擾しか調べられていなかった。どうしてこんなことが起こったのであろう。

■図Ⅶ－２　実質米価の変動と米騒動の構造

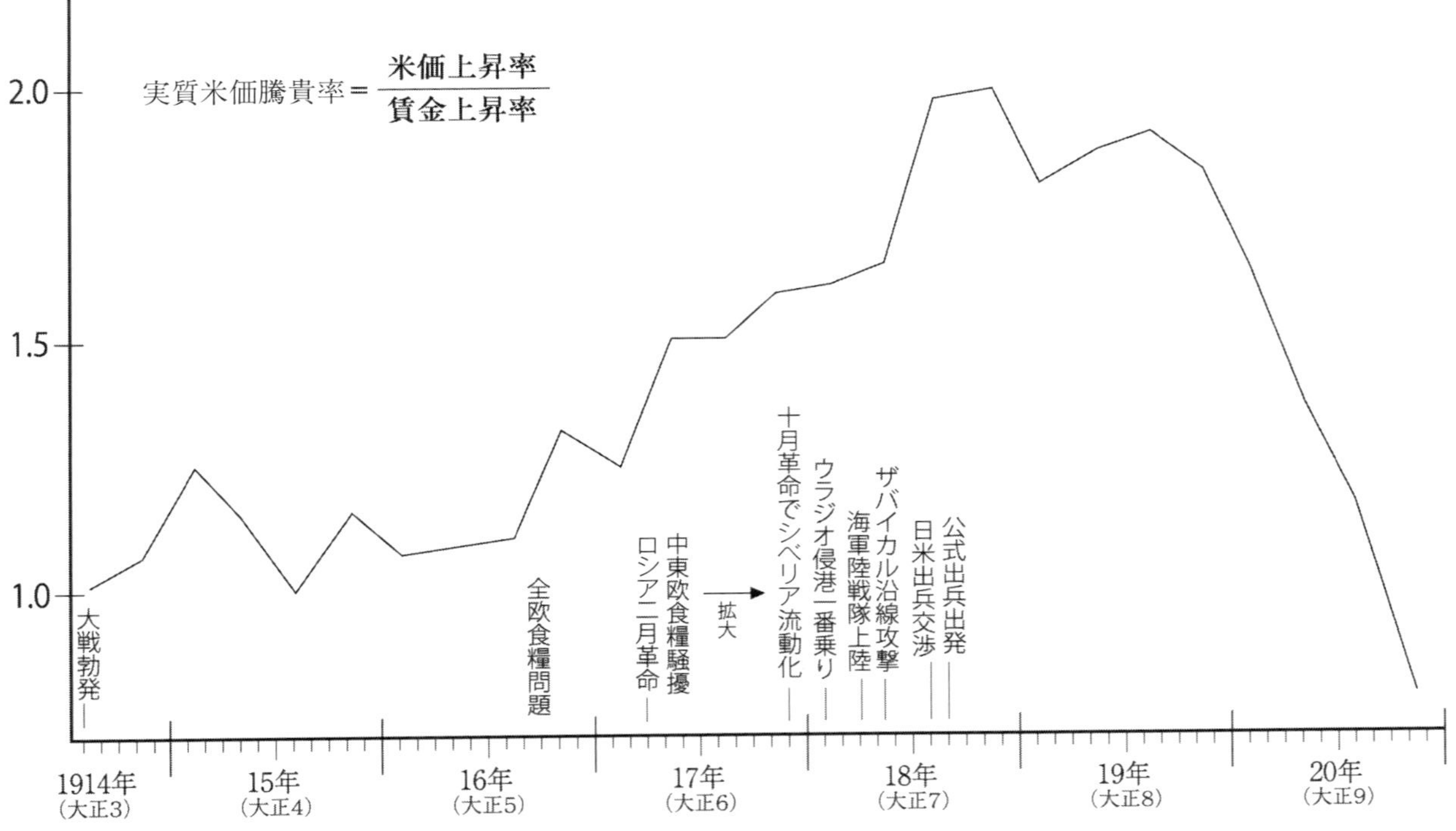

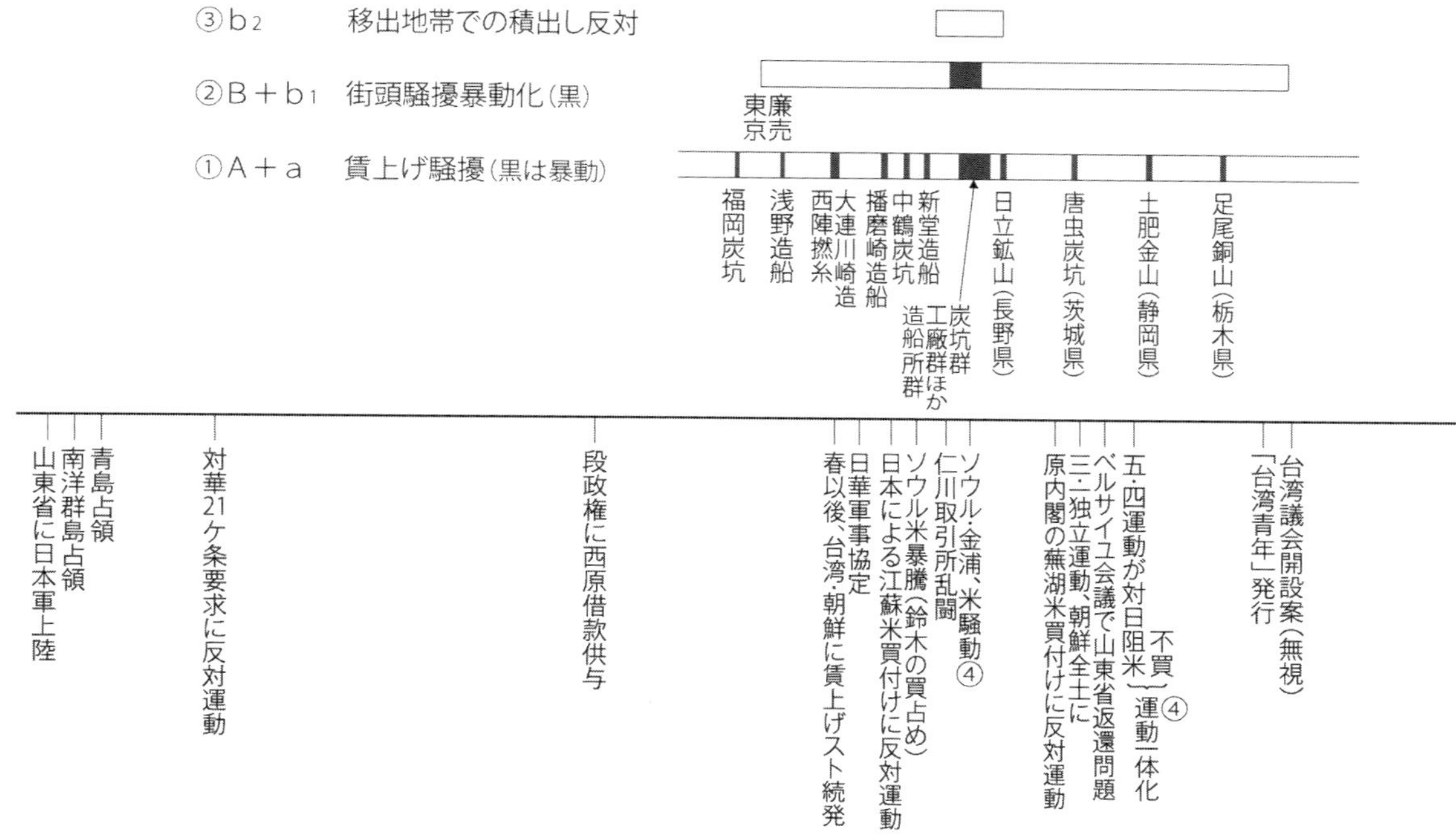

③b2　移出地帯での積出し反対
②B＋b1　街頭騒擾暴動化（黒）
①A＋a　賃上げ騒擾（黒は暴動）
東京廉売
福岡炭坑
浅野造船
西陣撚糸
大連川崎造
播磨崎造船
中鶴炭坑
新堂造船
炭坑群
工廠群ほか
造船所群
日立鉱山（長野県）
唐虫炭坑（茨城県）
土肥金山（静岡県）
足尾銅山（栃木県）
山東省に日本軍上陸
南洋群島占領
青島占領
対華21ケ条要求に反対運動
段政権に西原借款供与
春以後、台湾・朝鮮に賃上げスト続発
日華軍事協定
日本による江蘇米買付けに反対運動
ソウル米暴騰（鈴木の買占め）
仁川取引所乱闘
ソウル・金浦、米騒動④
原内閣の蕪湖米買付けに反対運動
三・一独立運動、朝鮮全土に
ベルサイユ会議で山東省返還問題
五・四運動が対日阻米・不買運動一体化④
「台湾青年」発行
台湾議会開設案（無視）

■図Ⅶ－３　ストライキの月別統計
（破線は件数変化、棒グラフは参加人数）

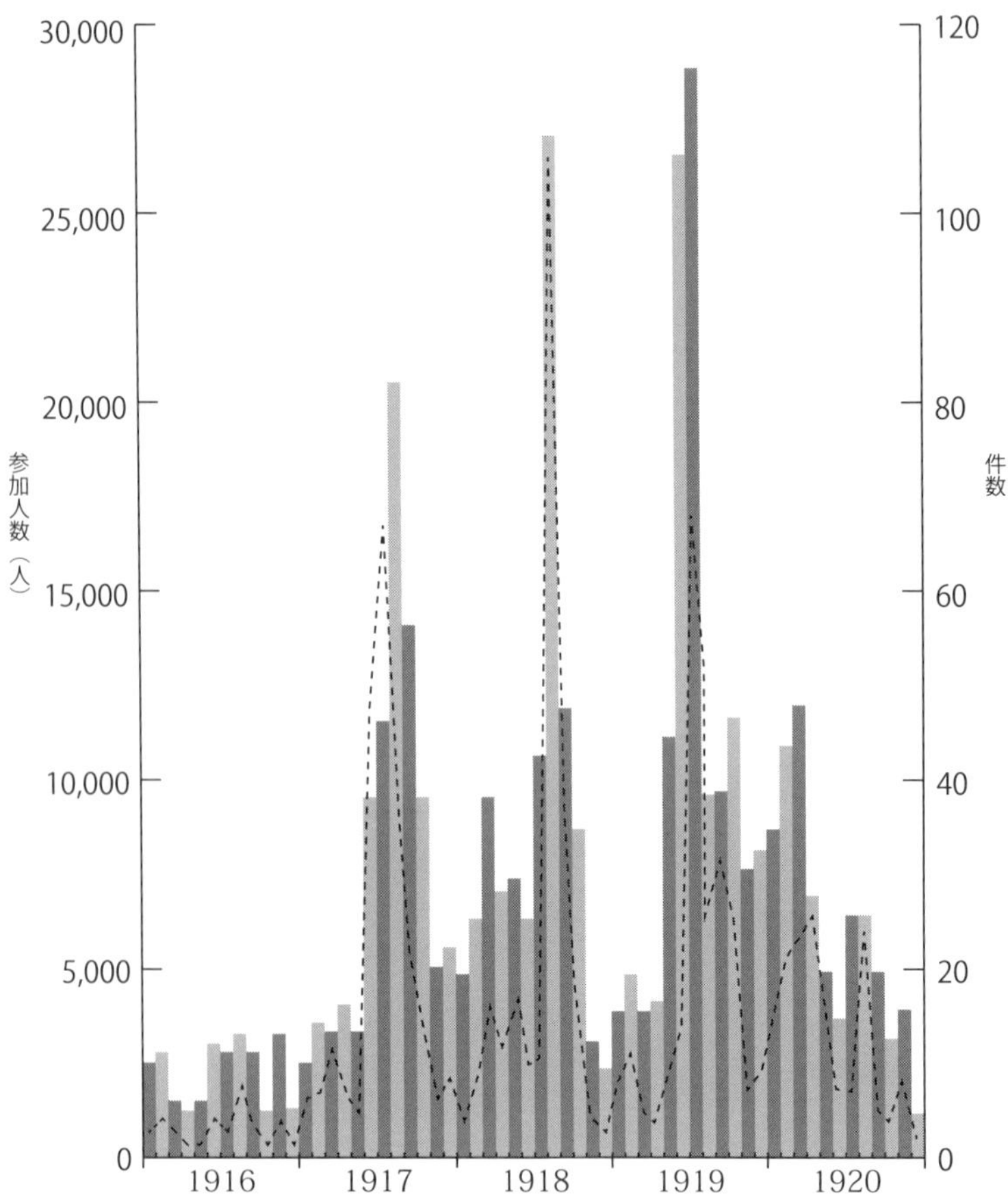

（『日本労働運動史料』10巻、520頁の数値による）

第8章　日本の近代米騒動とモーラル・エコノミー論

1　日本近代米騒動は労働者が主導

（1）第一次大戦末米騒動は労働者主導で一九一七年からと、片山潜が発見していた

片山潜は日本の第一次大戦末米騒動が、一九一八年でなく一七年から労働者ストライキの主導で始まっていたと、当初から指摘していた。亡命を余儀なくされた片山は一九一四年九月に渡米してからも、日本から可能な限りの新聞雑誌を取り寄せて日本の状況について書いていた。一七年夏に「日本の労働運動」を『国際社会主義評論』に連載したが、それを単行本で出す一八年七月九日に書いた序文には、「日本の昨年における無数のストライキ」は「生活必需品の価格がずんずん上がったことに」対するもので、日本は「わたしの生涯に一度もなかった」画期的な時期にあると規定している（岩波文庫版、三〇四頁）。「米騒動」が我々が前章で見たように一八年ではなく一七年から、労働者のストライキで始まっていたことを指摘していたのである。

片山は続いて一八年八月二五日の「ニューヨーク・コール」紙にも「米騒動」を紹介し、一二月

にも『クラス・ストラグル』誌二―五号に「一日本人の見た最近の米騒動」を書き、後者では大都市での市民戦化とともに異常な速さで急増するストライキについて詳述し、「日本帝国の三分の二」を覆った「この蜂起」が労働者階級の主導であることを強調し、知識人の行動や北海道までの拡大にも言及しているが、富山県漁民などには全く触れていない。

(2) 片山・細川は日本近代米騒動の異なる面を見ていた

大原社会問題研究所（大原社研と略）で「米騒動」資料の蒐集を主導した細川嘉六は欧州視察からの帰途二六年にモスクワで会った片山潜の勧めもあったと書いているが、片山の指摘より一年もおそい一八年八月を資料蒐集の起点に選んだ。その一八年八月というのはシベリヤ出兵の始まった時点で、また当時大阪の住友本社に勤めていた細川が関西大手新聞に、彼の郷里である東部富山湾岸の米積み出し反対記事が掲載されるのを見た時点でもあり、まさにその情景を細川は少年期から繰り返し見て育っていたのであった。

(3) 細川の資料蒐集起点の誤り

けれども細川がその時点を、米騒動資料蒐集の起点として選んだのは正しくなかった。一般に生活必需品は大消費（移入）地帯でさきに値が投機的に吊り上げられるので、騒擾が始まるのは大消費（移入）地帯が先であり、それを起点に資料蒐集すべきなのに、逆に産地で余裕があり後ればせに事件が起こる移出地帯の事件を起点にしたのでは、先に大消費（移入）地帯で起きていた事件をみな落としてしまっているからである。ところが一八年八月にシベリヤ出兵が始まって米価が更に奔騰したので、それに近い時点でおくればせに始まった富山県の方が火元かのように間違われてしまった。船積み地帯の漁民の運動で、（男は夜中から沖に出て昼寝し夏は北洋稼ぎ）陸のことは女任せだったのを、「女一揆」と新聞が書き立てたのが効いている。

2　細川の資料蒐集の狭さと井上・渡部編『米騒動の研究』の誤り

片山の「米騒動」における労働者の主導性の強調は、彼がモスクワへ移ってからの論文でも一貫しており、三一年の論文では「参加者の九〇％を」労働者が占め「都市労働者によって統制され」ていると指摘し、死の年（三三年）に書かれた論文でも、「日本の天皇制権力をゆり動かしたこの大運動の参加者は、その大多数が労働者であった」と明記している。この頃には細川嘉六たちが蒐集した資料も片山に届いていたので、富山県西水橋町という言葉も混じっているが、片山が帰国できて自ら資料蒐集から行っていたならば、「米騒動」は一七年端境期から労働者のストライキで始められたものであることが、初めから正しく指摘されていたであろう。

しかし片山潜は帰国できずにその年亡くなり、細川が主導した資料蒐集起点が上記のように間違っていたので、第一次大戦末米騒動が労働者騒擾の主導で一七年から始まっていたという片山が指摘していた事実は忘れられ、それより一年も遅い一八年八月の富山県から街頭騒擾だけが資料蒐集された。その上それを『米騒動の研究』に編集した井上清たちが、京都を中心に部落問題など歴史性の強い現象に注目していたせいか、労働者の賃上げ争議は「本来の米騒動でない」と、街頭騒擾の影響で生じた争議までしか含めなかった。これは「米騒動」が一七年から労働者のストライキで始まり、それが主導してきたという片山潜の一貫した指摘とも、前章で見た実質米価上昇率（図Ⅶ―2）とストライキ統計（図Ⅶ―3）が一七年六月から急上昇して一九年末まで三年間続くことで一致している事実にも反する、全くの誤りである。

このように井上・渡部編『米騒動の研究』（一九六〇年）は三年間にわたる米騒動期の内の一部分だけしか集めていないので、各県について記す頁数は少ないが、五〇に及ぶ全道府県をまとめているため概観は五巻に達した。この五巻という体裁に権威づけられて半世紀の間、日本の米騒動研究は視野狭窄に陥る結果となった。日本では歴史家たちも近代米騒動を近世と同じ街頭型が主かのように誤認させられて来たのである。

3　モーラル・エコノミー論と都市シャリバリ

（1）モーラル・エコノミー論とE・P・トムプソンの弁明

E・P・トムプソンの一九七一年の論文（"The Moral Economy of the English Crowd in the Eighteenth

Century", *Past and Present*, 50:76-136）は、一八世紀英国の食糧騒擾が非合理的な行為でなく、暴利を貪る者に適正価格で売ることを要求するものであることに着目して、モーラル・エコノミーの例とした。民衆のそのようなモラルの要求は日本近世の一揆・騒動にも見られることで、目新しいことではないし、それを近代資本主義の、需給関係で効果的に売ろうとするポリティカル・エコノミーと対比することも、陳腐でさえある。ところがそのＥ・Ｐ・トムプソンの論文が国際的に一世を風靡し、彼自身が「自分の（一九七一年の）論文は、他の社会、他の時代の食糧騒擾の一般論を意図したものでなく、特殊的に一八世紀のイギリスに関する議論だった」と弁明せざるを得なくなった（*Cusutoms in Common*, Penguin Books, 1993, p.260）のは、何故であろう。

英国「絶対王政」は国内価格が一定以上のときは輸出を認めない規定を設け、何度か緩められつつも一六七〇年まで廃止されていなかったから、食糧騒擾は増えずにいたが、ピューリタン革命で「絶対王政」が倒れた後、一六七二年から逆に奨励金まで出して輸出するように変わり、一八世紀前半のイギリスは穀価高騰・食糧騒擾多発期になった。それで消費者民衆は商業資本を抑えるため「絶対王政」期の史実（王令 Book of Ordersなど）を引き合いに出すなどで、かつてはこうだったと宣伝手段に使ったのであるが、それが支配層一般がモーラル・エコノミーを認める存在かのように敷衍され、支配層のお墨付きに拠る「正当性」を得て動くのが民衆だと、支配層のパターナリズム（温情主義）の下で「代執行」する民衆の例を探すのが流行になった。階級対立に基礎に置くマルクス主義的な史観に対するアンチテーゼとして、アメリカなどで利用された向きがあったのではないかと思われる。

柴田三千雄[1]は「イギリスにおいてもフランスにおいても、支配層の食糧暴動に対する態度は妥協と鎮圧の混合であった。……より深い支配体制の問題がそこにひそんでいるように思われる」と書く。日本でも（世直し一揆の時期などに）、富裕層の拡大が封建支配を危機に導くという認識の下で、領主階級が不当な蓄財者への制裁行為を容認した例はあったが、常にそうだったのではなく、民衆蜂起には極めて厳しい法的処置をとるのが一般だった。民衆運動が一般に支配層のモーラル・エコノミーで守られているかのように言うのは、全くの誤りである。

（2）英国内でのモーラル・エコノミー論に対する批判

イギリス国内でもモーラル・エコノミー論は「新たなOrthodox」（新興宗教）だと批判が出され、D・E・ウイリアムス[2]とヤン・ギルモア[3]は、群衆の価格運動の動機が「昔の又は反資本主義的な考え方に由来するという発想は疑わしい。考え方が後ろ向きだ。食糧騒擾者達は遠い過去へ後戻りしたり、昔の〝公平価格〟を嗅ぎ歩いたりはしない。彼らが固執するのは最近の価格の方だ」と言う。D・E・ウイリアムスは多くの論文でモーラル・エコノミー批判を行い、食糧騒擾は「高度に個々の固有性を示すもの」で、伝統的観念によるよりも、現実問題への実際的反応と見るべきだと言い（D.E.Williams 前掲論文、五八頁）、J・ボーステッドは、食糧騒擾が頻繁に起こる所とそうでない所があること自身が、「モーラル・エコノミー」論への批判になっているという。J・ボーステッドと

D・E・ウイリアムスの共同論文[4]は、一八世紀末のデボン州の食糧騒擾を起こした町はマーケットとして、社会経済的交流のネットワークの機能を持っており、鉱山地域や織物工など工業労働者、水夫などの同職集団が集まっている所で起こり易かったと指摘している。J・スチブンソン[5]も、モーラル・エコノミーなる定式化は「偶発的な出来事に意味を纏わせ過ぎ」ており、あまり固定的に使うことは反対だという。

(3) 都市シャリバリの役割

モーラル・エコノミーより基本的なのは、都市シャリバリの概念である。中世末以来、欧州では一般に、若者組などが共同体の規制を強制するのに使うシャリバリと呼ぶ慣習があり、殊に都市のシャリバリは食糧問題などで大きな役割をしたことを、柴田三千雄も指摘している。食糧騒擾は農産物の消費者、したがって主に都市の問題であるから、商業ブルジョワジーと民衆が狭い都市空間のなかで顔を突き合わせている状況下では、効果的役割を果たす。E・P・トムプソンも都市シャリバリによる共同体規制が食糧騒擾に大きな役割をしているという論文を書いている。典型的な絶対王政だった後の英国以外でも、一般に成り立つのは都市シャリバリの方では無いかと気付いたのであろう。日本でも近世・近代を問わず街頭型米騒動では、米価が騰貴してくると大小の放火事件が頻々と起こり始める。警告的役割をしているので、やがて直接、米商や移出廻船商に押しかけて来るようになる。したがって店主たちの中には隠れ二階を作って居留守を使いつつ、そこから様子を窺っている者もあり、市町村長や役場などが寄付や施米を要請して調停するところに落ち着くことが多い。

4　第一次大戦末米騒動へのモーラル・エコノミー論の誤用

日本近世の米騒動では、第5章4で述べたように街頭型が主要形態であったが、そこで民衆の側にモーラル・エコノミーが見られるのは、安丸良夫の通俗道徳論以前からも知られていた。また世直し期などに、領主階級が不当な蓄財者への制裁行為を容認した時期はあっても、一般には民衆蜂起には極めて厳しい法的処置がとられていたから、支配層にもモーラル・エコノミーがあって民衆運動はその「代執行」を「正当性」にするものだなどという誤説には、あまり引っかからなかった。

ところが、日本の近代米騒動が（第7章2で見たように殊に日清戦後は）争議・居住区消費者運動中心の近代型に替わってしまっているのに、前記の細川・井上の誤りのために、第一次大戦末「米騒動」の状況を誤認し安丸も牧原憲夫も「モーラル・エコノミー」が一般的に成立していたと決め込んでいる。鶴巻孝雄に至っては、「本書では……三つの課題を設定する……。一つは小作争議・米騒動（食糧騒擾）を」（はしがき）などと書くが、米騒動を直接論じた箇所は見当たらない。稲田雅洋の書は末尾で「米騒動」に触れ、「モーラル・エコノミーの観点からだけ見ていくのは誤りであろう」と書くので、安丸・牧原・鶴巻たちよりややましであるが、「だけから」とあるようにモーラル・エコノミー論が広く適用できると前提していること自身が誤りである。「米騒動」の全期間（一九一七〜一九年）を労働争議が主導していたこと、その三年間のほんの一部の一八年夏秋の街頭騒擾しか見ていないことに気付いていないばかりか、その街頭騒擾自身が、日露戦後都市騒擾に見るように独占資本主義下の近代的なもので、モーラル・エコノミーの対象になるものでないことに気付いていない。居住区消費者運動が開く市民大会が（地方では盆踊や祭礼の機会を利用することもあるが）、米屋交渉に出発して騒擾化するのである。定まった職場のない日雇い・仲仕層も加わるが、一般労働者は職場での争議が組めるので、夕方からのこれら街頭集会に参加が少ないことは当然である。

【付記】筆者の旧稿について、能川泰治に回答

能川泰治の論稿[10]は前記拙（共）著『図説 米騒動と民主主義の発展』の極めて好意的な紹介であるが、少数の誤解箇所があるので弁明しておきたい。

(イ)拙著『図説〜』六〇九頁上半が、E・P・トムプソンが「自分の（一九七一年のモーラル・エコノミーの）論文は、他の社会、他の時代の食糧騒擾の一般論を意図したものでなく、特殊的に一八世紀のイギリスに関する議論だった」と弁明しているのを引用しているのに対し能川は、「モーラル・エコノミー概念は、……日本の米騒動にも民衆による適正価格の設定という側面がある」と批判するが、誤読である。筆者も近世米騒動の民衆の側にもモーラル・エコノミー

があったことは認めるが、上述のようにそれが一般に支配層の側にあったとは言えないにも拘らず、そのような誤解を与えたことに対してE・P・トムプソンは弁明しているのである。

また近代、殊に日清戦以後の米騒動に対しても、モーラル・エコノミー論が一般的に適用できるかのようにいうのは、前述の安丸・牧原・鶴巻・稲田雅洋についての箇所で書いたように、誤りであると考える。

(ロ)能川論文一三頁下段の三行目に、(筆者が)「民衆の行動・思考様式を『市民戦争』に一元化しようと」しているとあるのも誤読である(本論集の第Ⅱ集の二三二頁で中川正人氏も誤読だと指摘している)。拙著『図説〜』四九二頁の下から五行目に「なぜ近代の市民戦争だけが、欧州に在って日本にないのでしょう」と設問し、四九四頁最下二行から次頁までそれが無かった理由も書いている。その後にキャッチフレーズ的に「未発の市民戦争」という言葉を使ったのが、誤解を招いたのであろうか。

(ハ)能川論文一三頁下段の六行目から「『図説〜』で深められていない重要課題として、労働者や都市下層とは異なる人々、例えば俸給生活者や商工業者などの中間層の生活難問題と米騒動との関係」と書かれているが、そのテーマについては一四二頁の三行目〜一四行目と五二七〜二八頁に、まさに能川が挙げている与謝野晶子などの行動をあげて書かれている。見落としたのであろう。

【補論】米騒動論といえない冨江直子の論稿

モーラル・エコノミー論の流行はほぼ一九九〇年代で終わっており、前述のように多くの批判がなされたにも拘らず、それらを全く学ばずに書かれたらしい冨江直子の稿は、[15]「一九一八年米騒動」の事実関係に全く触れずにモーラル・エコノミー論が適用できるとしている点で、米騒動研究への冒瀆であり、T・H・マーシャルの「シティズンシップ」と接合するための観念の遊戯に過ぎないから、これ以上の論議は拒否したい。

註

（1）柴田三千雄『近代世界と民衆運動』岩波書店、一九八三年、二二四〜二二五頁。

（2）D.E.Williams"Morals, Markets and English Crowd in 1766", *Past and Present*, 104(1984), p. 57.

（3）I.Gilmour, *Riot,Rising and Revolution:Governance and Violence in Eighteenth Century England*, London,1992, pp. 220-230.

（4）J.Bohstedt and D.E.Williams,"The Diffusion of Riots : The Patterns of 1766, 1795 and 1801in Devonshire", The *Journal of Interdisciplinary History*, vol.19, no.1, 1988, pp. 13-19.

（5）*Popular Disuturbannce in England 1700-1870*, London, 1979, p. 311.

（6）安丸良夫「困民党の意識過程」（『思想』七二六号、一九八四年）

（7）牧原憲夫『客分と国民のあいだ――近代民衆の政治意識〈ニューヒストリー　近代日本1〉』吉川弘文館、一九九八年。

（8）鶴巻孝雄『近代化と伝統的民衆世界――転換期の民衆運動とその思想』東京大学出版会、一九九二年。

（9）稲田雅洋『日本近代社会成立期の民衆運動――困民党研究序説』筑摩書房、一九九〇年。

（10）能川泰治「一九一八年米騒動を問い直す――その歴史的意義再考のために」（『歴史地理教育』二〇一八年六月）。

（11）冨江直子「1918年米騒動における二つの『生存権』――モラル・エコノミーとシティズンシップ」（『福祉社会学研究』一四、二〇一七年）。

第2部

日本米騒動の研究史

第1部の第7・8章で見たように日本の場合、復古天皇制まで持ち出す極東型であったが、「上からの近代化」だったので米騒動も近代型に変わっており、片山潜は第一次大戦末「米騒動」が労働者階級の主導で一九一七年から始まっていたことを一貫して指摘していた。しかし米移出地帯に注目していた細川嘉六、京都のような歴史的地域に注目していた井上清らの『米騒動の研究』によって、「米騒動」を一八年夏・秋の街頭騒擾中心にしか見ない誤りが、半世紀に亙って日本での研究を矮小化していた。

この第2部では、この第一次大戦末「米騒動」が、当初からどのような経過で研究されてきたかを改めて追って見ることによって、前記の誤りから離脱してくる過程を呈示することにしたい。

第9章　各層の「米騒動」期における反応

まず第一次大戦末の「米騒動」を当時の人たちがどのように受け取っていたかから始めよう。二〇歳前後の学生だった或る人はこう書いている。

「今や賄料が倍になるとすると、親はあやしみはしないかしら……。何と説明して送金を増してもらうべきか」。「京都の第三高等学校の三年になろうとしていた一九一八（大正七）年の夏……日本社会史上もっとも驚異に値する大事件――米騒動が勃発」、「僕たち十数名ほど寄宿していた三高基督教青年会の賄のおばさん……が突然爆弾宣言をした。『みなさん、わたしにはもうみなさんのお世話はつとまりません。食費を倍にしていただくか、それともここを解散するか、二つに一つ、さあ返答して下さい』。いつも優しいおばさんの異常に緊張した口からの宣言を受け取って、僕たち親の仕送りで何不自由なく暮らしていた寄宿生は狼狽し、すっかり恐縮して引き下がり、おばさんの申出どおり、即刻食費を倍額にすることを決議した……」。

これは後に法学者で戦後衆議院議員にもなった、風早八十二(やそじ)の回想文[1]である。この中で、風早は「米騒動」について感じたことを列挙している。

(イ)「米騒動は全国的に労働者階級の間に広がり、大都市では金持ちの米倉が襲われ、焼き討ちが行われた。明治以来、正確にいえば幸徳事件以来、陰鬱な警察政治によって打ちひしがれたと思われていた日本の民衆の革命的エネルギーは、セキを切って噴出し、たちまち奔流となった……」

(ロ)「ただ、それは余に自然発生的で、之を指導すべき組織体も、指導方針もなかったため、軍事的警察的暴力によって、容易に圧殺されてしまった」

(ハ)「戦争は日本の場合のように巨利を博した国においても、その利益はまるまる資本家の手に帰し、勤労大衆の実質購買力は大幅に切り下げられる……遂に、大衆にとって耐えがたいものになり、米騒動の勃発を見た」

(ニ)「この騒動が軍隊の発砲によって鎮圧されたことは……軍隊の役割について疑問を投げかけた」

(ホ)「京都にも異常な事件が起こった。東京から『デモクラシー』思想というものが系統的に持ち込まれたのである。当時東大法科の学生であった麻生久・赤松克麿・平貞蔵などの諸氏が三高の先輩というゆかりで京都に乗り込み、たしか市会議事堂だったかにおいて大演説会を打った。個人的意識や個人感情の問題に閉じこもっていた僕たちにはじめて階級的社会的思想というものを目覚めさせるについて、この演説会は大きな機会であった」

(ヘ)「東大法科の学生を中心として新人会が生まれ、これと前後して早稲田にも民人同盟が出来た。僕が笈(おい)を背負って上京し、東大法科に入学した大正八年は多彩なデモクラシー運動の展開された年であった」

以上の回想は一九四九年に書かれたので、マルクス主義法学者になってからの風早の言葉によっているが、「米騒動」を経験した世代の感想[2]は大体これに似ているので、以下でも引用させてもらうことにしたい。

註

（1）風早八十二「米騒動前後」（学生書房編集部編『学生の頃』学生書房、一九四九年）。

（2）法政大学米騒動研究会「一九一八年の『米騒動』に関する文献」（労働運動史研究会編『米騒動五十年』労働運動史研究四九号、労働旬報社、一九六八年）を参照。

1　同時代者の反応

「米騒動」に対する最初の反応は、風早八十二の感想の(イ)で見たように、「明治以来、正確にいえば幸徳事件以来、陰鬱な警察政治によって打ちひしがれたと思われていた日本の民衆の革命的エネルギー」が「セキを切って噴出し」たことへの驚きである。しかし、それに対する評価、続く行動は人により立場により異なっていた。

（1）「月給取り」層の「米騒動」としての記者大会、知識人の政府批判

「月給取り」層は体裁を保たねばならないのに固定給で、当時は労組など作れない身分だったから米価急騰で困窮した。この層の生活費（月額）は、警視庁の細民調査では一人で七円、二人で一二円、三人で一五円、四人で一八円、五人で二〇円だったが、現実の最低生活費は一人一五円、二人で二四円、三人で三〇円、四人で三六円、五人で四〇円だった。全国官公吏の平均年俸は三三七円強、月二八・一円だから三人の最低生活費にも不足する。親任官・勅任官・奏任官を除く小官吏のうち、判任官の平均年俸は三八六円、月三四円一六銭で三人生活のレヴェルであるが、雇員は平均年俸二〇九円、月一七円一三銭で二人の最低生活費にも足らない。

今日でいうホワイトカラーであるから、知識人・文化人・新聞記者もそれに属する。彼らが一斉に政府批判を始め、各地で記者大会を開いたのは当然である。それが大きな力となったことは、内務大臣がクライマックスの一九一八年八月一四日に「米騒動」記事を禁じながら、東京の新聞社幹部の「春秋会」の取消し要求によって、数日で解除せざるを得なかったことにも表れている。

（2）「黎明」「ヴ・ナロード」の運動から普選運動へ

吉野作造は右翼暴力が「大阪朝日」の社長に暴行・脅迫を働いた事件に対して、『中央公論』誌上に批判を発表した上に、その「浪人会」との立会講演会を一一月二三日、神田南明倶楽部（なんめいクラブ）で開いて、吉野を守れと集まった二〇〇〇人の学生・労働者を前に、堂々と暴力を批判して論破したので、背

後にあった政府側のたくらみは見事にうち破られ、かえって民主主義の思想が堰を切った奔流のように広がった。

(ホ)、(ヘ)で見たように「デモクラシー」思想が広がり、「個人的意識や個人感情の問題に閉じこもっていた」状況を脱して、「十二月には東大法科の学生を中心として新人会が生まれ、これと前後して早稲田にも民人同盟が出来……大正八年は多彩なデモクラシー運動の展開された年であった」。新人会は機関誌『デモクラシイ』を刊行し、「ヴ・ナロード」のモットーで労働運動にも接近した。帝政下一九世紀ロシアの青年たちの「民衆の中へ」という合言葉である。法政大学・慶応大学・明治大学にも同様の会が生まれ、京都では、友愛会京都支部の高山義三が河上肇を顧問に作った労学会が、関西の学生運動に先駆的な役割を果たす。これらの運動は、次の普通選挙（普選）運動の復活にも大きな役割することになる。

吉野自身も福田徳三・佐々木惣一・大山郁夫・新渡戸稲造・大庭柯公（本名景秋）らと、さきの立会講演会の一カ月後、一二月二三日に黎明会を創めた。森戸辰男・穂積重遠・与謝野晶子・三宅雪嶺・阿部次郎・小泉信三・大河内正敏（理化学研究所三代め所長）・朝永三十郎（哲学者、後の物理学者朝永振一郎の父）など、学者・思想家・ジャーナリスト三一名で構成され、新人会や民人同盟の学生の協力で影響力を高めた。毎月のその講演会はいつも満員で、内容は講演集として出版され、「黎明」は流行語となった。一九年三月に植民地朝鮮に三・一独立運動が起こって、政府が血の弾圧を行った時、吉野が敢然と朝鮮政策を批判した黎明会第六回講演会は、国家の朝鮮政策を公然と批判した唯一の大衆集会であった。

一九年一月には河上肇の『社会問題研究』、二月には大山郁夫・長谷川如是閑（にょぜかん）の『我等』、四月には『改造』、六月には『解放』も創刊され、以前からの『太陽』、『中央公論』などと共に、社会問題・労働問題・社会主義の論文・解説を載せて、「米騒動」以前とは異なる民主的な世代を育てていくことになる。倉敷の富豪で、倉敷紡績株式会社の社長だった大原孫三郎の出資で、社会科学分野で日本最初の民間研究所「大原社会問題研究所」が大阪天王寺につくられたのも、同じ一九年二月のことである。友愛会顧問でもある高野岩三郎東大教授を初代所長に、櫛田民蔵・森戸辰男・久留間（くるま）鮫造・笠信太郎らを所員に、大学研究室では調査費などの点で難しかった労働問題・社会主義などの研究に手をつける。前述のように細川嘉六たちが、ここで「米騒動」資料の蒐集を始めることになる。

高野岩三郎の指導する実態調査に参加していた麻生久・棚橋小虎・山名義鶴らは、労働保健調査所を設け月島の労働者街に住んで友愛会本部を改革し、一九年二月一一日の憲法発布三〇周年に、新人会ほかの学生団体の三〇〇〇人とともに、普通選挙を要求して日比谷から帝国議会へデモした。大阪・京都・神戸でも友愛会と学生団体が普選要求大会を開き、三月一日の東京では五万人の普選要求デモが行われ、秋には全国三〇の学生団体、六つの労働団体を含む「青年改造連盟」が作られて、二〇年一月には友愛会・信友会などと合流して四一団体による全国普選連合会が発足する。

（3）友愛会会長と機関誌『労働及産業』

友愛会会長の鈴木文治は一八年八月の街頭騒擾が起こったとき奉天に出張していたが、帰京して真相を知ったとき先ず心配したのは、「我全国の会員中にこれに関係せるもの多数に上りはしないかということで」、「百二十余の支部の会員中、殆ど一人も参加した者が無いということであった」と喜ぶ。鈴木は「米騒動の根本原因」は「共同生活の訓練」の欠如で、「共同生活の訓練とは、……政治上に於いては選挙権の拡張であり、経済上に於いては労働組合の公認である。……米の値段が下がらぬのも、畢竟百姓議員の反対を恐れて政府が手を出さぬからである」と考えていた。その機関誌『労働及産業』一八年一〇月号も、要求実現の合法的方法が与えられない限りこのような暴動が起こるから、「安全バルブ」にと普通選挙と労働組合公認を主張している。当時同誌編集長だった野坂鉄（参三）もそのような論理に留まっていたのは、彼のその後のコースを思うと意外だが、友愛会の公式な立場に合わせていたのかもしれない。

（4）友愛会労働者・山本懸蔵たち

しかし友愛会員でも労働者の方は違っていた。山本懸蔵も、彼のことを「米騒動体験記」（『プロレタリヤ科学』第三巻一〇号、一九三一年）に書いた湊七良も、月島の労働者であった。この時期はまだ横断的な組織としては友愛会しかなく、労働者たちは職場のストライキと街頭の「米騒動」を結びつけることができなかったので、多くの労働者は、山本や湊も個人で街頭的に米騒動に参加していた。

茨城県の鹿島灘に面する半農半漁の家に生まれた山本は、弱い者苛めをしたことがなく、遠い所の子供が帰るのを送って行く少年であった。一一歳の時から奉公に出て小学校も中退だった彼は、鍛冶屋の徒弟、小石川砲兵工廠の鍛冶工を経て、築地の造兵廠にいたとき労働運動にふれ、一九一五年に友愛会京橋支部をつくって、月島の日本機械製作所の研磨工として働いていた。

労働者の感性に鋭く訴える、大胆なアジテーターだった山本は、職工服のままで日比谷の音楽堂に駆け上がって演説し、「職工、えらいぞーっ」と群集を沸かせた。襲いかかる警官を、群衆の中に飛び込んでまいた機敏な山本は、その波が銀座に進行するなかで再び現れ、「蛎殻町（かきがらちょう）（取引所がある）にゆけ」と、帝国ホテルから拝借してきたという長い箒で指揮していた。「米騒動」の異名をもらい、どんな権威にもずけずけとものを言った山本は、いつもポケットに社会科学のパンフレットを持っている勉強家で、指導的な活動家となっていく。帝国主義世界戦争・ロシア革命・米騒動と続く激動の日本近代のなかで成長していく、日本の労働者階級の一つの具体的な姿がそこにあった。

（5）社会主義者たち

「大逆事件」裁判以来、影をひそめていた社会主義者たちにも動きが始まっていた。堺利彦は一五年九月に月刊『新社会』を創刊し、大杉栄ら『近代思想』のアナルコ・サンジカリズムを批判するマルクス主義の立場を明らかにし、山川均やアメリカにいる片山潜、ベルギーにいる石川三四郎などの寄稿を受けて、世界の社会主義運動の状況を報じ始めた。堺は一七年四月の総選挙にも東京から立候補するなど宣伝に努め、同五月には三〇人ばかりでメーデーの小集会を行い、七月には山崎今朝弥や大杉から離れてきた荒畑寒村らも、『新社会』の編集に加わった。一七年一一月にロシアに最初の労働者・農民の政府が生まれたとき（ロシアの旧暦でいう「十月革命」）、「イギリスの労働者は街上で相擁して泣いた」といい、自分も「涙が出て話ができなかった」と『山川均自伝』（岩波書店、一九六一年）にあるが、まだ大杉栄や和田久太郎のアナルコ・サンジカリズムの影響力が強く、亀戸に居を移して労働者との結合が進み始めていた。

社会主義者たちは「米騒動」自身には、突然のことでもあって何の援助もできなかった。日本の「米騒動」は「余に自然発生的で、之を指導すべき組織体も、指導方針もなかったため、軍事的警察的暴力によって、容易に圧殺されてしまった」。「原因は、まったく、革命の主体的条件――真個のプロレタリアの政党――の強力な存在の有無にある」と悟らされた。

(6) 山県から原敬へ

元老山県有朋の統括する藩閥官僚体制のもとで、日本は第一次大戦を機にドイツ領青島の占領を手始めに、対華二一カ条要求・反袁世凱工作で南満州・東部内蒙古ばかりか中国全土に影響力を広げ、そこに権益をもつイギリスや機会均等を主張するアメリカの反発に対しては、日露協約を重ねることで対抗してきた。ところがそのロシアが革命で崩壊したので国際的に孤立した上に、使ってきた長州閥の寺内内閣が「米騒動」で国民的批判に晒されて、国政を主導する資格を失った感があった。

首相奏薦を行うのは元老であり、山県は藩閥勢力の否定につながる形での政党参加を認めるつもりは無かったが、「米騒動」後、健康悪化などで寺内の辞意が決定的になったので、比較的コントロールし易いと考えて西園寺公望を首相にしようと策した。しかし西園寺は病気などを理由に固辞し、予ねて頼まれていた原敬を推挙した。『原敬日記』一八年九月二四日で、西園寺からの内輪話として、「山県がよく目を覚ましたですね」と言う新聞記者に、原は「米騒動だな、あの時もしわが党が煽動でもしてみ給え、大変なことになっていたに違いないよ。官僚内閣が無力なことが、山県にもよく呑み込めたのだ」と語っている。

このように慎重に、木の実が熟して落ちるのを待って受けるようにして、実現出現させ得た初の政党内閣は、外相の内田康哉（原の外務省時代以来の友人）、海相加藤友三郎（前内閣からの留任）、陸相田中義一（山県からの推挙）以外は、全閣僚が政友会であった。原は政党首として衆議院に議席を持つことができるよう、爵位を受けることを避けてきたので、初の平民宰相と呼ばれることができた。

2　争議・増給運動は一九年には官公吏にも広がる

争議は図Ⅸ−1に見るように一九一七年（大正六）年から急増して、一八年、一九年と増え続けて一九（大正八）年が最大で、ストライキに限って見ても表Ⅸ−1に見るように一七年（大正六）年から急増して、一九年（官庁統計）には一六年の件数で四倍、参加人員で七倍以上に達している。

職種別の状況を表Ⅸ−2で見ると、「米騒動」最激化の一八年に参加人員が最も多いのは、坑夫（炭坑・鉱山）・紡績製糸職工・造船職工である。炭坑・造船は戦時需要による労働強化のためであるが、明治以来外貨稼ぎの女工哀史で有名な紡績製糸がこの時期にも多いのは、欧州列強が主戦国で世界市場から手を引いたので、未曽有の輸出ブームで労働強化されたためである。

次に争議の件数・参加人員が最高に達した一九年前後の状況を、宮坂博邦の記述[1]「争議の時代」を参考に俯瞰しておこう（本章4までは宮坂の記述に倣うところが多い）。

（1）極まる困窮

一九年に東京本所の三笠小学校で八〇〇人の児童の家庭調査をしたところ、所帯主の平均日収は六五銭で、家賃を一〇銭とすれば残り五五銭では衣服どころか三度の食事もとれず、二〇八名の母親が内職していた。「本所・深川の細民は二、三畳の部屋を借り、帝劇や軍隊・工場の残飯を四、五

■図Ⅸ－1　労働争議と労働組合組織状況

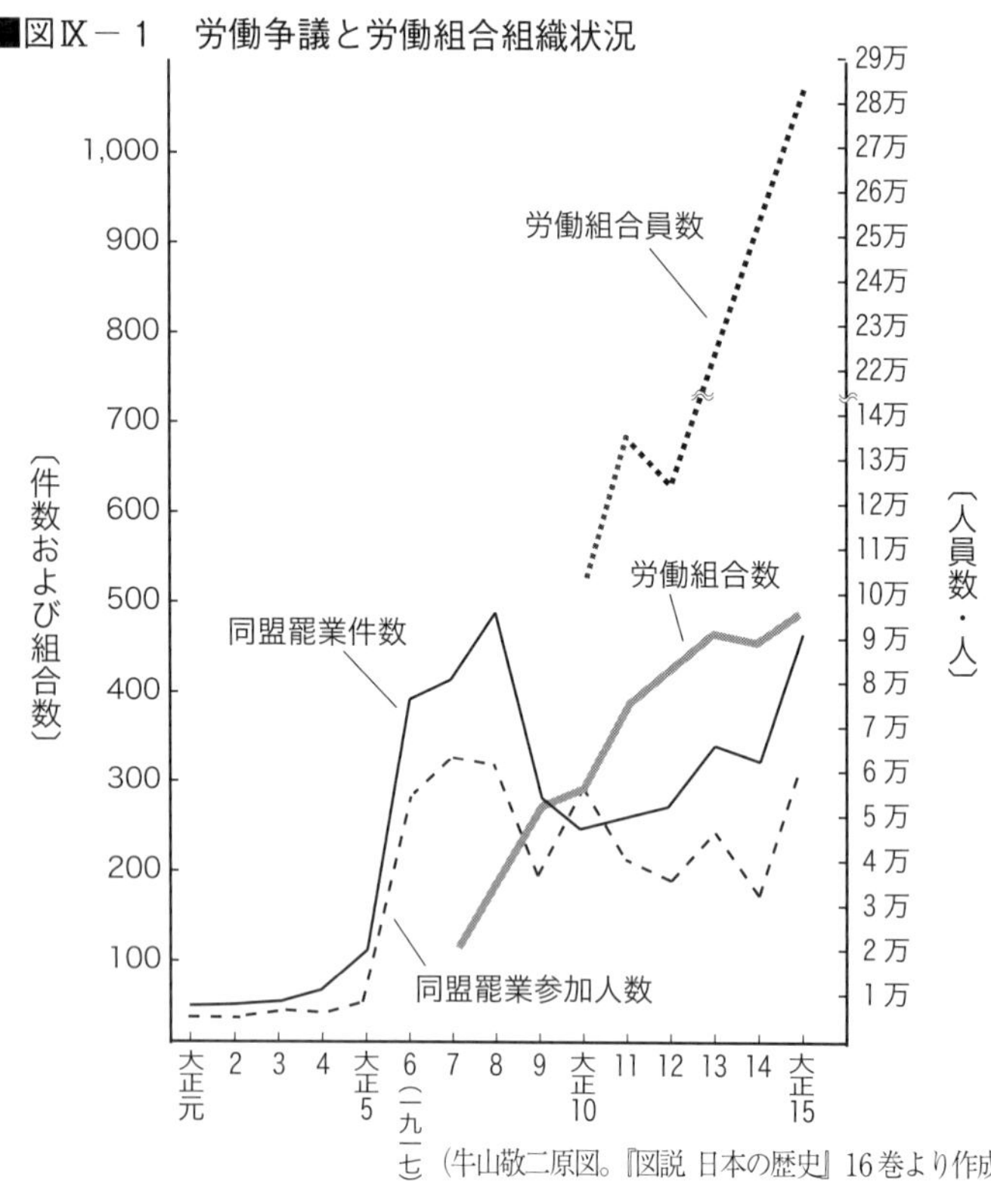

(牛山敬二原図。『図説 日本の歴史』16巻より作成)

銭買って露命をつないでいる」と、警視庁の細民調査に協力した女医は語っている(2)。

東京市民三〇〇万所帯の生活調査をした森本厚吉(北海道大学教授)は、一家族の年間最低生活費は四一八円(月三五円弱)が、ぎりぎり餓死を免れる線で、普通文明国は二〇七六円であると報じている(『日本労働年鑑』大正九年版)。

一八(大正七)年の年間死亡者数は、スペイン風邪の影響もあろうが(前年の一一〇万から)一四九万人

■表Ⅸ－１　争議件数

年　次	青木年表に記載		官庁統計			小作争議件数
	労働争議数	うちスト件数	労働争議数	うちスト件数	スト参加人数	
1912（大正１）	77	52		49	5736	11
13（〃　２）	28	17		47	5242	7
14（〃　３）	37	17		50	7904	2
15（〃　４）	17	13		64	7852	5
16（〃　５）	29	19		108	8413	10
17（〃　６）	168	128		398	57309	85
18（〃　７）	247	99		417	66457	256
19（〃　８）	800	408	2388	497	63137	326
20（〃　９）	217	137	1069	282	36371	408
21（〃　10）	223	124	896	246	58225	1680
22（〃　11）	531	216	584	250	41503	1578
23（〃　12）	452	107	687	270	36259	1917
24（〃　13）	1033	182	933	333	48940	1522
25（〃　14）	891	155	816	293	32472	1701

（官庁統計は『日本労働運動史料』第10巻490頁、青木年表は『日本労働運動史年表』841頁、小作争議件数は官庁統計による）

に跳ね上がっており、殊に一歳未満の乳児の死亡率の高さが栄養失調を反映している。

(2) 巡査・官公吏の増給運動

一七～一九年のストライキは、表Ⅸ－３に見るように大部分は賃上げ要求であり、妥協・貫徹の率も表Ⅸ－４に見るように一七年以後年々高まっている。

警視庁は急遽、警察官の五〇％大増員を行いつつ、巡査自身の増給運動に対処せねばならなかった。当時、小学校正教員の月給は全国平均二一円（男子は一八～二五円、女子は一六円）で、巡査はさらに低く一五、六円にしかならな

■表Ⅸ－２　職業別にみたストライキ件数と参加人員

職業別＼年次	1916（大正５）	1917（大正６）	1918（大正７）		1919（大正８）	
	（件）	（件）	（件）	（人）	（件）	（人）
坑夫	11	52	66	23,758	33	10,916
紡績製糸職工	6	34	32	7,760	47	5,191
染織職工	8	23	24	2,266	31	2,140
機械金属製造職工	20	53	50	4,513	87	12,333
造船職工	2	11	9	6,940	6	4,792
窯業職工	18	32	23	1,368	21	1,602
化学工業職工	3	31	36	4,818	45	3,731
木工および木挽	8	25	26	1,821	34	2,939
諸人夫および仲仕	12	42	58	3,724	54	4,988
塩田稼人夫	1	28	15	3,818	11	1,442
船員および船夫	3	10	16	1,077	13	1,147
その他	16	57	62	4,594	115	11,916
合計	108	398	417	66,457	497	63,137

（内務省警保局『大正十年労働運動の概況』による）

かった。したがって巡査も争議を起こさざるを得なかった。一九年四月に警視庁内の巡査にも秘密同盟ができたことが二、三の新聞が出ており、会員の青年巡査は「ありのままに報告すれば、それこそ無警察同様だ。一例をあげれば、交番は開けっ放し、詰員三人は休憩室で転職か給料の話に夢中だ。この不平が無くならぬ限り……我々はもう人民保護の名誉にたえない」（「萬朝報」一九年四月八日）と語る。

麹町署・日比谷署でも多数の印刷物を同僚に配って、増給の統一行動を呼びかけた者があり、二、三人が首になったとも伝えられた。大阪でも「四五〇〇人の巡査のために犠牲となる

■表Ⅸ－3　ストライキの原因別調査　（単位：件）

原因別＼年次	1914（大正3）	1915（大正4）	1916（大正5）	1917（大正6）	1918（大正7）	1919（大正8）
賃金増額要求	25	38	71	304	340	400
賃金減額反対	11	8	4	14	17	17
待遇改善要求	2	1	12	12	6	24
監督者に対する反抗	3	5	9	17	16	18
その他	9	12	12	51	38	38
合計	50	64	108	398	417	497

（内務省警保局『大正十年労働運動の概況』による）

■表Ⅸ－4　ストライキの結果別調査　（単位：件）

結果別＼年次	1914（大正3）	1915（大正4）	1916（大正5）	1917（大正6）	1918（大正7）	1919（大正8）
妥協	22	21	39	167	205	261
要求貫徹	8	17	17	87	60	63
要求撤回	15	20	39	92	84	80
要求拒絶	5	6	13	52	68	93
合計	50	64	108	398	417	497
妥協・貫徹の比率(%)	60.0	59.4	51.9	63.8	63.6	65.1

（内務省警保局『大正十年労働運動の概況』による）

のを辞さない」という決議文が新聞社に送付され、山梨県韮崎署では四〇人の巡査が結束して本俸五割増を県知事に申し入れ（『日本労働年鑑』大正一〇年）、管下十数カ所の派出所巡査がサボタージュを続けた。神戸では巡査を辞める者が続出し、定員の半分も欠員、宮城県では生活苦の巡査が一家心中している。官公庁の中心部でも増給運動は次々に広がり、大蔵省から廻ってきた連判状に農商務省の課長以下が署名してから、九省と内閣直属官庁で「四局員全員連判状を作り大臣に嘆願」、

「昨日は仕事も手につかず」、「ついに上官等会議」と報じられ、署名者が一五〇〇人を超えた。

3　労働者階級の組織化

(1) 労働者の自覚の高まり

秋田県の十和田湖に近い小坂鉱山（藤田鉱業）でも仮労働会を結成し、一九年八月二五日、初めてのストライキに一八〇〇名が出羽神社に集まって四割増給を要求した。郡長・町長らの仲裁で手当て二倍半で妥結させせられたが、同じ藤田組の経営する花岡鉱山にも飛び火し、一五〇〇人の職工・坑夫が同盟罷業し、同様の経過をたどった。

第一次大戦を通じて日本の産業構造と労働者の実態は大きく変わった。平均労働時間・年間就業日数、男女賃金格差や繊維産業での女工哀史などは、「工場法」が施行された一九一六年以降も変わっていないが、労働者数の飛躍的増大、重工業部門の比率、男子労働者の比率の高まりなど構成が変化して、一〇〇〇人以上の大工場数が開戦時の倍になり、重化学工業の熟練労働者には先進層が生まれ、「工場法」と「労働九原則」との差に目覚めて労働運動のあり方を変え始めた。

パリ講和会議の国際労働法制委員会の、官僚ばかりの日本代表のなかに、顧問という資格だったが労働者代表として友愛会創立者・会長の鈴木文治が参加していた。鈴木はすでに四年前サンフランシスコで開かれたアメリカ労働総同盟（ＡＦＬ）の大会に出席して演説し、米騒動・争議の経験、若い知識人との結合などで、友愛会（六周年で支部数一二〇、会員三万）は急速に変わりつつあった。その活動は関西支部で目覚ましく、関西連合会は一九年一月初め大阪中之島公会堂で「労働組合公認期成大講演会」を開き、久留（ひさとめ）弘三による開会、住友電線・川崎造船所の労働者の訴え、賀川豊彦（神戸連合会評議員）の講演などで三〇〇〇人の労働者に大きな感銘を与え、「労働組合の公認を要求す」る決議を行った。二月一一日に大阪、同一五日には京都で労働問題・普選要求の集会を次々と開き、治安警察法、特にその第一七条（労組・争議の実質的禁止）の改正要求が高まっていく。

（2）組合急増と職業別ゼネスト

友愛会は同年三月一〇日に全国各支部代表者総集会を開き、五六一八人の署名簿を添えて四大要求と治安警察法第一七条改正の請願書を議会に提出したが、議会は憲政会の改正案を否決した。しかし第一七条適用の一時停止や、組合結成自身を禁止していないという内務省の言い逃れ的「譲歩」を引き出せたので、労働運動は更に勢いづいて組合結成が急増し、一九年以降、年間七〇前後の組合が作られ、二〇年初頭には表Ⅸ－5のような多数に達した。一九年結成のものだけを数えても、例えば東京では自由労働組合（人夫・車夫・大工・左官など）・大進会（出版関係）・砲兵工廠員組合・交通労働組合（市電従業員）・俸給生活者組織・大日本鉱山労働同盟会（足尾・釜石鉱山中心の坑夫組織）・正進会（東京一五新聞社の活版工）・芝浦技友会（芝浦製作所員）・築地工人会（海軍工廠）などで、九州では坑夫協会（糟屋炭田）・日本労友会（八幡製鉄所）・友愛会九州出張所（八支部）などであっ

■表Ⅸ－5　地域別にみた労働団体と組合員数

地域	組合員数（人）	団体	1団体あたり組合員数（人）
大　阪	38,472	119	325
東　京	37,850	30	1,261
静　岡	23,511	34	691
北海道	22,855	92	248
栃　木	22,359	19	1,177
福　岡	20,901	18	1,161
神奈川	13,488	8	1,688
兵　庫	12,476	12	1,039
秋　田	11,039	28	394
愛　知	9,047	17	532
岐　阜	6,179	87	61
京　都	4,397	24	183
全国総数	269,932	838	322

（内務省警保局『大正十年労働運動の概況』による）

た。

一九〇七年に欧文植字工の欧友会として出発し、一六年に全印刷工の組織となった日本印刷工組合信友会などは、一六年一〇月に工場主一六〇人を相手にゼネストをうち、七月に闘われた（東京の主要新聞一五社の印刷工の）正進会のゼネストとともに、職業別組合の先進的な闘いの道を開いた。印刷業界は専門化した熟練労働者の比率が高く、また活字文化を通じて新しい思潮を吸収できるので意識が高かったのである。

横断的・職業別組合は印刷工関係（信友会・正進会・神戸印刷工組合など）に止まらず、東京・大阪では交通労働者、京都では西陣織や友禅染の職人たち、そして足尾・釜石の鉱夫、広島の製針職工など続々と組織されはじめ、その多くが友愛会に属して支部となり連合会を発足させたので、友愛会の体質は内部から高められていった。

（3）労働総同盟の成立

友愛会の七周年全国大会が一九年八月三〇日に東京三田の本部講堂で開かれた。六周年大会の代議員が（女性二人を含む）五七人だったのに比べ、この七周年大会では（女性七人を含む）一四三人で、その躍進ぶりが覗われた。二〇〇人を超す傍聴者のなかには社会主義者の堺利彦もいて、夜の親睦会に招かれて挨拶した。大会は友愛会の名称を大日本労働総同盟友愛会に変更し、会長独裁制から理事会合議制に改め、支部組織を地方別から徐々に職業別・産業別に変えていくこと、婦人部の独立、鉱山部の設置、満州・北九州に本部出張所設置、第一回国際労働会議（ＩＬＯ）への代表派遣を決議し、従来の綱領の廃止と新たな宣言、二〇項目の主張を採択した。

「日本の労働者も平和・自由・平等のために殉教的奮闘を辞さない」という「宣言」と、国際労働規約に依拠する二〇項目の「主張」は、日本の労働運動が世界的視野に立つ労働者階級のそれに達したことを示した大会だったと言えよう。改めて会長に選ばれた鈴木文治は、「この大会こそは、友愛会創立以来もっとも意義ある大会であった。従来の会の組織にも、制度にも、態度にも、精神にも、革命的変化を与えるものがあったからである」と語っている（『労働運動二十年』一元社、一九三一年）。

4　八時間労働制、女性労働者のたたかい

(1) 川崎造船所ストライキと八時間労働制

総同盟誕生の半月後、九月一九日に、関西でのその有力拠点である川崎造船所に争議が起こった。労働者の四項目の要求に対して会社側は、増給問題以外の三項目を認め、「増給問題は目下八時間労働制の採用に関連して考慮中」と回答した。交渉委員はほっとしたものの火急の増給問題が未回答なので、一万六〇〇〇の従業員は出勤して持場にはつくが仕事をしないサボタージュ戦術に入った（労働問題に詳しい「大毎」記者が示唆した、治安警察法第一七条の適用を避ける方法だったという）。しかし会社側はいぜん確答しないので、労働者側は一五〇人の代表委員による投票でストライキを決定、会社側は一〇月一日を期して八時間労働制（昼休み一時間を含めると九時間）を実施し、賃金は従来のまま歩増（ぶまし）七割を本給に組み入れることを発表した。

こうして要求がほぼ全面的に貫徹された上に八時間労働制を得て労働者は職場に復帰し、資本側の譲歩の形であったが、社長の松方は戦後恐慌の到来を予測し、合理化策の一環として八時間労働制を採用したのであり、増給分も労働能率を高めて残業を廃止すれば相殺できると、その準備を進めていたのである。労働者側も後でそれに気付き、二一年に再び大争議が起こることになる。

八時間労働制の広がりは早く、住友系の伸銅・電線・鋳鋼の三事業所が九月二九日から実施し、

三菱造船・大阪鉄工などに次々と波及して、一九年中に全国で四八％の工場が実施しているが、休憩時間が三〇分に減らされた所が半ば以上であることにも現れているように、近代的労務対策へのすり替えだったと言えよう。

（2）ＩＬＯ代表問題と階級戦への覚醒

八時間労働制や「婦人・子供の深夜・有害作業の禁止」等の労働条件改善問題は、一九年一〇月末からワシントンで開かれる第一回国際労働会議（ＩＬＯ）の重要議題の一つだったが、労働団体の猛反対を押し切って鳥羽造船所技師長の桝本卯平が「労働代表」として送られることになり、二〇〇〇人の労働者が横浜港へ抗議に押しかけた。ワシントンでも日本からの抗議文で桝本は代表権を否認されたが、日本政府の奔走でようやく免れた。会議では資本家代表の鐘紡社長が日本の特殊事情を強弁し、総会はインドと共に日本を「特殊国」と認めて、暫定的に労働者の最低年齢を一二歳とし、一五歳以上の週五七時間、生糸職工の週六〇時間制などを認めてしまった。桝本はこの「特殊国」扱いに反対し、治安警察法第一七条の撤廃を強調して、労働者側に顔を立てた。

この国際会議を通じて日本の労働者は、文明国の水準からかけ離れた状況に自分たちが置かれていること、それを「特殊国」として存続させようとする支配に覚醒し、また、この国際会議への直接的働きかけをしてくれた、片山潜らの「在米日本人社会主義者団」の存在に気付いて影響され始めた。そしてその一一月には釜石鉱山争議、一二月には足尾銅山ストライキが引き起こり、東京の労働団体は協議して連帯決議を発表している。「米騒動期」末の一九一九年は、日本の労働運動史上画期的な年だったのである。

（3）ＩＬＯ婦人顧問と「新婦人協会」

渋沢栄一の姪で（哲学者田中王堂の夫人である）田中孝子が第一回国際労働会議（ＩＬＯ）の日本政府代表の婦人顧問に決まると、友愛会婦人部では激励会を兼ねた労働婦人大会を市川房枝・野村つちの・山内みならが準備し、与謝野晶子・平塚らいてう・山川菊栄・伊藤野枝らも数百名の労働者と共に集まった。子供を背負った女子労働者までが演壇に立ち、深夜業のつらさや生活苦・南京米のまずさなどから、夜業禁止・八時間労働制・女工人格尊重を次々と訴えたので、田中孝子は自分の果たすべき役割を痛感した。国際労働会議の席上、政府代表に「わたしの意見を少しくわえてもよろしいでしょうか」と許しを受け、彼女の意見が政府見解として発表された。その内容が、日本の資本家がいかに女工を酷使しているかだったので、資本家代表の鐘紡社長が憤慨し大騒ぎとなった。

友愛会を中心とする婦人労働者の活動は目覚ましく、「青鞜」解散以来低迷していた婦人運動も活気を取りもどした。平塚らいてうは一九年夏、友愛会婦人部の市川房枝の案内で愛知県下の紡績工場を回り、その惨状にふれて、再び女性解放への闘志を燃やした。一一月に「大朝」新聞主催の関西婦人聯合大会で婦人参政権要求・女性蔑視諸法改廃・母子保護制度確立などを訴え、一二月には女子の政治結社加入を禁止する治安警察法第五条の改正と、花柳病予防のための結婚法制定の議会請願を始めた。らいてうは二児の母親だったが、神戸の貧民窟で南京虫に責められながら調査を進め各地の工場を回って、二〇年三月にはかつての「青鞜」の仲間たちや市川房枝・奥むめお・田中孝子・岡本かの子・山内みなや労働者・家庭婦人を糾合して「新婦人協会」を結成した。第四議会衆議院は、らいてう以下九〇名の協会員が傍聴席で見守る議会制度始まって以来の状景の中で治安警察法第五条の改正を通過させ、貴族院が「家族制度の美風を崩す」と否決したが、一九二二年五月一〇日の法改正で女性の政治演説傍聴は可能にした。

同日、日本最初の女子政談演説会が「新婦人協会」神戸支部主催で、「現内閣の更迭を期す」、「母の参政権」などをテーマに開かれ、一五〇〇人を集めて盛況であったが、裏面ではインテリと労働者出身幹部との思想的対立が深まっており、既に平塚と市川は決別しており、山内みな（総同盟婦人部）は弁士として招請されていたのに「立場が違うから困る」と演説を断られ、間もなく「新婦人協会」は事実上分裂した。

(4) 女子労働者のたたかい：富士紡争議から赤瀾会へ

山内みなは東京モスリンの労働者であったが、友愛会が総同盟へ発展した七周年大会で婦人部が独立した際、野村つちのと共に初めての女性理事となった。東京の彼女の指導する本所支部には富士瓦斯紡績押上工場や三田土ゴムがあり、一九年には一〇〇〇人以上の女性支部員を擁し、二〇年六月には富士瓦斯紡績押上工場で紡績労働組合を結成すると、幹部が馘首されたのでストライキに突入した。殆どが寄宿舎に住む女工たちなので、出ようとすると会社側がホースで水を浴びせ、工場の門を閉じて争議本部との連絡を絶ったが、他の労働団体の支援も受けて一週間頑張った。すると会社側は要求を受け入れたかに見せかけて職場に復帰させ、その後に組合指導部を解雇したので、一たび気を抜かれた組合側は容易に立ち上がることができず、壊滅した。中核的拠点を失った総同盟婦人部は活動停止状態となり再起に数年を要した。

かかる困難の下で、労働女性の階級的立場を鮮明にうち出した赤瀾会（せきらんかい）が組織されるのは一九二一年四月のことである。

5　農民の「米騒動」参加と地主層

(1) 農民の街頭「米騒動」参加

僅かな耕地しか持たず、日雇に出たり小作したりしなければならない貧農は、飯米を買わねばならないから、一方では米価高騰に困窮し他方では自分の小作労働の価値に目覚める。したがって彼らは米騒動と小作争議の双方に参加し、小作争議も表Ⅸ－6に見るように一八年以来、飛躍的急増を続けていくことになるが、小作争議は米の生産者としてのたたかいで、消費者としてのたたかいである米騒動とは区別し、ここでは詳論しない。

「米騒動」は、農村では狭い人間関係に束縛されがちのため、次のように四つの形態に分かれる。

(a)近隣遠征型：自分の村では騒げないが、近隣の「米騒動」に出かけていく。青年層が多く、甲府市の大地主若尾家の焼き討ちでは、三番目に重い懲役五年を課せられた近隣農民が、三〇キロ離れた村で人を集めていた。岡山市・倉敷町・総社町の「米騒動」の被起訴者の各一〇％以上が域外村落の農民で、[3]これらの都市は近隣米の集散地であった。

(b)都市農民：当時は市・町にも周辺部に田畑が広く残っており、そこに地主も農民もいた。殊に地主の場合は農村に広大な土地をもちながら、自分は便利な市内に居を構える例が多かった(前述甲府市の若尾家もその例)。このような場合、市内農民も当然押し寄せた。

(c)兼業農民の参加：近隣都市へ通勤する農家の次三男などは、賃上げ型米騒動に参加する一方、帰宅農村でも都市で見聞きした街頭型のそれを広げる役もしている。

(d)小作争議からの延長型：暉峻衆三・白川清・金原左門ら東京教育大グループによる『地主制と米騒動』[4]は、奈良県法隆寺村の米騒動の詳しい調査研究である。この例では前年春からの小作料減免問題が決着していない状況下で全国に「米騒動」が始まると、解決を迫る強談を村長に起こし、翌日、日稼ぎたちと地主に対し米借り行動を起こした。

(2) 地主層と政府の米穀政策

「米価暴動以来地主は著しく小作の気勢を恐れる傾向がある。都市の労働運動はますます地主を

地方別＼年次別	1917	1918	1919	1920	1921	1922	1923	1924	1925
京　都	1	−	2	3	1	16	37	76	99
大　阪	1	3	9	47	242	111	306	348	258
兵　庫	5	8	73	67	415	335	472	263	231
奈　良	4	25	8	3	7	7	15	20	43
和歌山	1	5	1	1	101	66	47	18	53
鳥　取	2	3	1	5	10	−	11	21	62
島　根	−	−	2	3	5	3	9	24	67
岡　山	−	56	11	22	32	100	55	18	55
広　島	−	4	6	5	15	61	38	19	11
山　口	1	2	−	1	8	4	4	4	19
徳　島	−	3	−	3	26	66	26	26	56
香　川	1	2	5	4	10	59	61	86	52
愛　媛	6	−	−	2	22	34	35	42	13
高　知	−	3	−	2	1	−	2	7	4
福　岡	−	18	10	14	22	55	115	81	227
佐　賀	−	18	−	1	17	16	12	13	5
長　崎	−	2	1	1	−	2	2	2	2
熊　本	1	−	1	3	16	107	45	21	13
大　分	−	7	−	1	2	9	7	8	2
宮　崎	−	−	−	2	5	23	12	4	9
鹿児島	−	−	1	1	2	3	−	4	1
沖　縄	−	−	−	−	−	−	−	−	−
計	85	256	326	408	1,680	1,578	1,917	1,532	2,206

（農商務省農務局『小作調停年報』第２次〔昭和２年〕による）

■表Ⅸ－６　小作争議年次別表

地方別＼年次別	1917	1918	1919	1920	1921	1922	1923	1924	1925
北海道	−	−	−	4	7	15	8	6	6
青　森	−	−	−	−	−	−	−	−	−
岩　手	−	−	−	−	−	1	−	−	3
宮　城	−	1	−	−	−	1	−	2	−
秋　田	−	−	−	−	−	2	10	13	6
山　形	−	−	−	−	−	2	6	8	10
福　島	−	1	−	4	−	1	−	7	−
茨　城	−	−	1	−	8	8	3	1	2
栃　木	−	−	3	8	22	8	−	13	10
群　馬	−	−	3	8	23	18	11	13	19
埼　玉	−	1	−	7	74	57	36	48	68
千　葉	1	1	3	7	1	6	13	5	8
東　京	−	−	−	21	15	8	40	10	18
神奈川	−	−	4	15	46	15	88	21	57
新　潟	3	−	2	2	25	40	20	21	69
富　山	2	2	−	3	4	2	13	8	23
石　川	1	−	2	5	2	5	7	13	11
福　井	2	2	2	3	27	26	31	17	19
山　梨	−	−	9	12	18	41	45	49	43
長　野	−	−	1	6	4	15	13	22	13
岐　阜	24	55	120	69	47	6	7	11	250
静　岡	−	4	5	5	93	35	21	6	10
愛　知	27	25	34	29	278	160	140	78	90
三　重	2	1	3	8	27	27	36	37	166
滋　賀	−	4	3	1	−	2	57	18	22

神経過敏の状態にみちびきつつある」[5]と言われるようになったが、一八年までの政府の政策は、地主の利益を代表した米価の維持・引き上げ政策であった。各地の地主団体が収支つぐなわないという建議を上げてくるが、それにはいつも自作農の統計が使われていた。つまり自作農をだしにして地主層が儲けてきていたのである。米価急騰の一八年の六月一五日に富山県の地主団体「富山県農政倶楽部」が、総理大臣・農商務大臣宛てに出した「建議」は、まさにそのようなものであった。山口県農会・愛媛県農民倶楽部・福岡県農政研究会・島根県農政研究会なども同様の要求を出していた。寺内内閣は地主側に立って、米の輸入関税を撤廃せよという声を無視し、暴利取締令のように流通面での投機・買占めを取り締まってみせるだけだったから、米価は下がるはずはなかった。

寺内内閣が倒れ、政友会内閣になって初めて一定期間、輸入関税を撤廃し、外米の積極的輸入を行ったので「米騒動」は終焉した。その後、「米穀法」を制定して米価の決定権を政府が握ったが、寄生地主制自身には手を付けず、米不足は朝鮮・台湾の植民地米依存で補って、第二次大戦の敗北でようやく「農地改革」に至るのである。

6 「初の政党内閣」は外米買いに奔走せねばならなかった

本章1（6）で見たように、「米騒動で」首相になったと認める原敬は、自らもその米のために奔走せざるを得なかった。米価は図Ⅸ－2に見るように再騰貴し、一九年の方が高くなっていたから

■図Ⅸ－2　大正期の米価変動（東京深川正米市場内地米一石建）

である。

『原敬日記』にも一八年末から米問題が再三登場する。まず一二月二一日に、「山本内相引籠中の処押して来訪、米問題に付相談あり」、「米を輸入すべき方法に付ては明後日蔵相逓相をも加へて相談する事としたり」とある。二三日には「高橋蔵相、野田逓相、山本農相会して米問題に付協議中内田外相も来会し、結局余の意見にて外米を有ゆる手段にて取りよすべく、輸出禁止の英仏政府にも交渉し、又支那、朝鮮、暹羅（シャム）よりも輸入を計る事に内定したり。農相は余に悲観論をなし却って国民に不安の念を起こさしむる結果となるに付、政治問題として今は人心の安定を与ふる必要ある事を説示したり」。二五日には「田中陸相来訪……問題となり居る米輸入の件に付軍事協約を利用支那内地より買入れ満州に集むる事となせば約百万石は得べしと思ふと云ふにつき余は賛成」。高橋蔵相が田中陸相より連絡を受けたと早速来訪し山本農相も来て、「陸相が馬糧を是までの麦から高梁に変更するという案も直ちに実行を要すとの趣旨を説示」。

一九年一月七日午後の閣議の際も、「米を輸入し国民に安心を与ふるを必要とす、世間米価に付て……之を政略問題となし居れば……閣員其心すべきものなりと注意したり」と厳しい。二〇日には台湾が移出米を禁止したとの報があり、民政長官を呼んで事情を聴き山本農相に相談している。五月三〇日の閣議で米買入状況を山本農相から報告し、陸軍が買い付けた米は直ちに大連を通じて輸入することに決定し、六月六日の閣議で山本農相が、三井の買い付け米は政府米として、先に充当を見込んだ約一〇〇〇万円で買い取ることに決まり、三井二〇万石、岩井で五〇石の見込みと報告。七月一八日の閣議では六大都市への食糧の鉄逓信道運賃免除を内相・逓相に内談し、米商に内外米の混用を、米麦の混用を教員などに勧めさせることを内相の担任とした。翌日には「ラングンで船を出せば多少米を輸出するとの内情を聞き、直ちに協議せしめ」、八月五日の閣議で「外国米輸送（政府買入の分）予定已上となり、先ず以て安心なりと山本農相報告したり、山本が安心を報告したるは之が初めての事なり」とある。

これらの強引な米の買い込みに対する中国側の反応については、井本・歴教協共編『図説　米騒動と民主主義の発展』（五〇八頁）とこの『米騒動・大戦後デモクラシー百周年論集』の第Ⅱ集の堀地明「米騒動と中国」（一一頁）に、東南アジアとの関係については同第Ⅰ集の佐藤いづみ論文（九九頁）に、台湾の状況については同書第Ⅱ集（四一頁）の拙稿に詳述されている。

註

（1）宮坂博邦「争議の時代」（金原左門編『自由と反動の潮流〈日本民衆の歴史 7〉』三省堂、一九七五年）。

（2）大原社会問題研究所『日本労働年鑑』大正九年版。

（3）増島宏「岡山県下の米騒動――農民運動との関連を中心に」（『社会労働研究』第七号、一九五七年）。

（4）暉峻衆三編『地主制と米騒動』東京大学出版会、一九五八年。農民の「米騒動」で最初に論じられたのがこの例だったので、山辺健太郎「米騒動と農民運動」（農民運動史研究会編『日本農民運動史』東洋経済新報社、一九六一年、第一一章）は、農民の「米騒動」ではこのタイプしか見ていない。

（5）農商務省農務局編『小作参考資料　小作争議ニ関スル調査』大正一一年。天野藤男『農村社会問題　地主と小作人』二松堂書店、一九二〇年、一八八頁。

第10章　戦前の「米騒動」研究

1　民間の研究

騒動当時アメリカにいながらも、日本の労働運動・社会状況に注目していた片山潜以外には、直接「米騒動」の中にいた者たちからその本格研究者が現れなかったのは、第8章2で指摘したように近世類似の街頭型だけを見ていた偏見のためではないかと思われる。実際、比較的早く出た研究は、そのような偏見の外にいた人たちによるものである。

クリスチャンとしての救済運動から友愛会の有力指導者になっていた賀川豊彦は、『貧民心理の研究』（一九一九年）なる群集心理学的考察で、他の民本主義者と同様に教育・組織（労働組合）、民主的方法で発言権を与えることが必要とする。また、当時アメリカ大使館の商務官だったJ・A・ラビットの『Rice in the cultural life of Japan』は、「大朝」記者の訳で『米と社会政策』の名で一九二〇年に出たが、一八年一月～翌年二月の食糧市場の状況を中心に、政府・諸政党・新聞、民衆の生活状況を月ごとに整理し論評したもので、騒動そのものを論じたものではないが、食糧問題の研究としては戦前唯一の業績である。流通問題に限られ生産構造に踏み込んでいないが、寺内内閣が国民生活を無視した「有産農民」保護のため失敗を重ね、諸政党も実際的方策を示しておらず党首たちの抗議は欧米では見られぬ生ぬるいもの、原敬内閣成立も政党内閣の域に達せぬ「上から与えられた」ものと、国際的基準から貴重な批判を与えている。

糧友会は「米騒動」後一〇年めの二七年に富山県滑川町の調査を報告し、二〇年めにも中部農民組合の中沢弁次郎[1]が、成金に対する天罰という立場で書いている。

2　近藤栄蔵論文と社会主義者たちの「米騒動」論

在米期の片山潜（第1章3）の指示で日本にマルクス主義党を結成するため帰国したという近藤栄蔵が、二一年一月に発表した論文「The struggle of the people in recent Japan」の第五章として書いた「The Rice Riot」の内容は以下のように要約される。

(1)ロシア十月革命が日本の民心を動揺させ、それを外戦で抑えようと計画された干渉戦争で米価騰貴が激化した。

(2)「米騒動」はロシアの一九〇五年の革命に比定さるべき、労働者階級の最初の革命的高揚である。

(3)神戸程度の騒動が当初から東京に起こっていれば、本物の革命になったかもしれない。

(4)原敬内閣の成立はブルジョワジーの貴族・軍閥に対する勝利を意味し、労働者と資本家との闘争が歴史の全面に押し出された。

この論文はコミンテルンに送る資料として書かれたと思われ、当否は別として、そのような立場での「米騒動」論と見ることができよう。その後一〇年間、社会主義者たちから「米騒動」研究が出なかったのは、片山が指摘するように、山川イズム・福本イズム後の再建共産党の佐野学・高橋貞樹らが「米騒動」の意義を認めていなかったためかもしれない。この間、見聞回顧録は鈴木茂三郎の「大正七年の米騒動回顧」(二七年)、山田清三郎「一九一八年八月」(二八年)、中野正人「神戸の米騒動追憶」(二八年)、朝田浩二「各地の米騒動」(二九年)、高瀬謙二「米騒動の思い出」(二九年)、米村嘉太郎「上野万世橋付近」などが出ている。

プロレタリア科学研究所日本資本主義研究会は、機関誌『プロレタリア科学』第三巻九(一九三一年)で「米騒動研究に参加せよ」と檄を発し、その翌月号に湊七良「米騒動体験記」が東京での見聞を披露したが、続く発表は無かった。

3　吉河光貞『所謂米騒動事件の研究』

政府側では各府県当局と検事局が詳細な報告を出させたので、愛媛県保安課長高橋惣太郎『大正七年米価問題に関する暴動顚末』が残っている。吉河光貞が名古屋区裁判所検事という肩書で書いている『所謂米騒動事件の研究』は一九三七年、司法省刑事局発行の「思想研究資料」シリーズの一冊として、極秘扱いで司法・警察部内に配布された。農民運動研究会がその復刻版を一九五九年に出しているが、それが出る前に法政大学の米騒動研究会の学生が吉河に会いに行ったところ、けんもほろろの扱いだったという。

当時は砂川裁判の警察側最高責任者（最高検察庁検事）になっていたというが、元は「米騒動」で生まれたともいえる東大新人会のメンバーだったというから、用語は権力側のものに変わっていても、当時の社会状況などには迫真の記述が見られる。「序説　所謂米騒動事件の全貌」も、「各地暴民中には騒擾開始の合図として寺院の梵鐘を鳴らしたものあり、恰もその音響化して当代経世治安の警鐘となりし如く、その余韻を今に伝えて幾多貴重なる教訓を啓示す」、「その範囲の広くして規模の大なる、蓋し我国未曽有の騒擾なりと為すべく、その動向の複雑にして……」と始まる。そして社会的影響として、第一に米穀政策の外地転換（植民地依存）、第二に社会政策的施設の発展、第三に国民思潮の急転、各種社会運動の勃興を挙げている。しかし裁判については通り一遍で、部落民への差別で二人の死刑囚まで出したことには全く触れない。司法界に身を置くゆえの隠蔽であろう。

「第一章　所謂米騒動当時の我国社会情勢の推移」の「第一節　欧州大戦の影響と一般社会動向」は詳細で、殊に「我国社会主義運動の動静」の小節が、大杉栄・北原龍雄を中心に藤田貞二・水谷栄治・江川喜太郎などの一八年八月の行動を詳細に記録しているのは、尾行で得られた警察資料であろう。「我国政治情勢の推移」の小節では、一七（大正六）年からの物価騰貴に対し金輸出禁止・暴利取締令・船舶管理令・少額紙幣発行令などが出されていたが、効果の無かったことを記す。「第二節　所謂戦時成金の発生と物価騰貴の一般的趨勢」の末尾に、「交戦諸国に於ける物価騰貴は……戦争目的の為、中央銀行をして兌換制を中止せしめ、その保有せる金貨金塊を海外よりの軍需品購入に充当し、……莫大なる公債を発行したると国内物資が戦争に依りて大規模に消耗せられたるが」原因であるが、「我国物価騰貴」は全然原因が異なり、しかもその「昇昂率極めて急激にして其比類を見」ないと極めて鋭い。「第五節　一般物価特に米価昂騰に対する政策並施設」では、「外米輸入関税の撤廃を要望する」声に対し、仲小路農商務相が一八年四月に「外米産地に於ける騰貴せしめるから」良くないなどと恍け、八月には水野内相が「米価が急落すると、農村経済的影響が大きい」と地主層の肩を持ったと指摘する。

「第二章　所謂米騒動の全般的状況」以下の章は、当時の膨大な中央向け地方官憲報告書を踏まえているので、対象が騒擾罪適用の事件に限られているにも関わらず、豊富な事実を提供している。第三章における参加者の分析や民衆の演説内容、第四章における鎮圧政策、警官軍隊の具体的行動、裁判結果なども官庁資料を駆使しうる検事でなければ得られない内容である。社会的影響を重視し、「米穀政策の外地転換」、「社会政策的施設」、「国民思潮の急激な変化に基づく、各種社会運動の勃発」を挙げている。

吉河の基準では（同書九一頁に書いているように）、富山湾東岸の事件は「婦女子の団体的哀願」で

■図X－1　吉河の観点による「米騒動」発生地分布図

（原図註：但村を除き市及町に限る）

「騒擾事犯」でないとして除かれるので、一八年八月からの（村を除く）全国騒擾発生地の分布は、図X－1（同書一〇二頁より転載）のようになり、大阪を中心に北九州から東海側が中心の分布になり、一七年以来の賃上げ騒擾・消費者運動の分布とあまり差が無い。シベリア出兵開始期一八年八月からの騒擾にも、一七年以来の賃上げ騒擾・消費者運動が激化・街頭化したものの影響が大きかったからであろう。

4　情報公開で使用可能となった五種の官製資料集について

近年の情報公開で米騒動に関しても、以下の五種の官側資料が使用可能となった。いずれも膨大な全国資料ではあるが、東部富山湾沿岸から始まったという誤認の上に立って一八年八～一〇月に限り、また街頭化・暴動化した場合に限っており、統治者的な隠蔽・蔑視も見られる。

- 内務省警保局記録「所謂米騒擾ニ関スル件」
- 外務省記録「大正七年七月本邦ニオケル米騒擾ニ関スル報告」
- 海軍省記録「米価問題ニ付騒擾ノ件」
- 陸軍省記録「米価騰貴に基く各地騒擾の件」
- 内務省監察官報告「八月騒擾ト其善後策」

いずれも似通った名称で混同しやすいから、以下では「内務省警保局記録」、「外務省記録」、「海軍省記録」、「陸軍省記録」、「内務省監察官報告」と略記する。内務省関係の二種は『特高警察関係資料集成　第一九巻』所収で出版されており、他の三種はアジア歴史資料センター（ＪＡＣＡＲ）の各文献番号でインターネットでも見ることができる。

内務省警保局は全国の道府県知事から騒擾関係の報告が集まるところで、その写しが各省庁に配られたので、外務省記録・海軍省記録の中には後述のように道府県知事の報告が原型のまま豊富に含まれている。しかしその他に、各省庁が下部機関からの固有の情報を独自の観点でファイルしているから、海軍省記録には呉・舞鶴・横須賀・佐世保など軍港・工廠地域の騒擾について、外務省記録は在外公館を通じて受け取った（「米騒動」についての）国際的反響を収録している。内務省警保局記録はこの局自身で激化期末の一〇月に全国の報告を整理したものなので、俯瞰的ではあるが、各道府県の生の状況を知るには外務省記録中に原型のまま入っている各道府県の報を見る方が詳細である。陸軍省記録は軍隊出動と「鎮撫」などについて詳細・膨大である。また内務省監察官報告は、内務省警保記録に記されているように「府県ニ派遣」された「監査官」が、視察後書いた諸提案の毛筆報告書で、騒動後内務省内で何が重視され提起されたか、を見ることができる。

拙著『米騒動という大正デモクラシーの市民戦線——始まりは富山県でなかった』（現代思潮新社、二〇一八年）は二四二頁以下で、網羅的な内務省関係の二文書を内容的に検討し、他の三省の文書の構成も紹介している。

註

（1）中沢弁次郎「米騒動の史的回想」（『糧友』一二巻八、一九三七年）。

第11章　戦後一九五〇年代までの研究

1　敗戦後の再出発

(1)　一九四八年頃までの状況

敗戦は研究の自由を復活させ、一九四六年の食糧メーデーを頂点とする食糧危機は戦前の「米騒動」を思い出させた。井上辰雄「米騒動の真相をつく――愛知県下の闘争[1]」、原毅「米騒動はこう教えている――大阪に於ける経験の分析[2]」、「米騒動の神戸地方[3]」はみな新聞・裁判記録・聞書きなどによるスケッチで、騒動当時『読売』の記者だった新居格も「米騒動の思い出[4]」を書いている。

この時点で細川嘉六が書いた「米騒動とその後の国民的成長[5]」は、民衆は「いたずらに社会秩序を乱すことを好むものではない」、民衆が「協議と合理的解決を」求めたにもかかわらず、「当局なり地方の指導者が適切な方法を講」ぜず、警察・軍隊の鎮圧に依ったため暴動化したもので、「指導も組織もなく、また部落民が主力でもなくその抵抗が頑強であったこともない」、「勤労大衆のため直接プラスとなったものは階級的自覚の全般的な芽生えであり、その直接の成果は原内閣の出現となったのであるが、その他の点に於いては全くのマイナスで」、「この悲惨な結果は……新たなる思想と組織への道へ勤労大衆を推し進めた」と書く。マイナス面を言い過ぎている感があるのは、この一時期の平和革命路線に沿ったためと思われる。

民主評論編集部「憲兵史の見た米騒動[6]」は、田崎治久『続 日本の憲兵』の「米騒動」関係記述を紹介し、四八年八月には『人民評論』の特輯「米騒動・大正七年前後[7]」が三篇のスケッチを掲載している。

(2) 全般的危機論に立つ論議

戦後も一九五〇年前後には、「米騒動」をロシア革命と共に、資本主義の全般的危機[8]の開始と見なす見解が盛んになり、栗原百寿[9]はそれを農業危機の分析の上で証明しようとした。しかし全般的危機論自身は後に国際的に否定され、日本共産党も八五年（一七回大会）に削除している。

(3) 一九五〇年代に入って包括的研究が成立

(イ) 信夫清三郎『大正政治史』第二巻で「米騒動」の包括的叙述が始まる。

『大正政治史』第二巻[10]が主に「大朝」記事と吉河の前掲書によって包括的な叙述を五一年に行って、国民に初めて「米騒動」の包括的な知識が提供された。全人民層を動員して展開されたが、組織された運動でなかったことを指摘している。同年の梅島和夫「米騒動の伝統は生きている」[11]は片山潜論文による啓蒙的論稿である。信夫の包括的研究の上に立って、次の〔付録1〕に見るような府県別研究が現れるようになった。

(ロ)村越末男「米騒動に於ける未解放部落の研究」[12]は大原社研資料からの府県別抜書き。

(ハ)金原左門「日本政党政治の成立をめぐる問題性――原政友会内閣創出の過程分析」[13]は、政党機関紙などを用いて憲政会の急進、政友会の漸進など政界上層の動向を実証的に記述し、権力情況・体制の変貌過程との関連で原敬内閣を政党政治成立の基点に置く。

(ニ)山辺健太郎は「米騒動」四〇周年の五八年に「一九一八年の米騒動について」[14]を、六一年にも「米騒動と農民運動」[15]を書くが、「米騒動」→労働運動→小作争議というルートでしか農民に影響を与えないように誤り、労働争議が「米騒動」の主体であることも見落としている。

〔付録1〕一九五〇年代までの県別研究

新潟県：中村辛一の「米騒動時の高田」(『頸城文化』九号、一九五六年)及び「柏崎の米騒動」(『高志路』一二九〇号)。法政大の調査報告は『歴研通信』Ⅰ－四号(一九五六年)。

京都府：『部落』三六号(一九五二年)の特輯「米騒動と部落民」が前島省三「米騒動の歴史的位置」、山村慎之助「解放の灯を求めて」、田中三郎「京都・田中の米騒動」を掲載。山村は新聞・聞き取りで京都地方「米騒動」の概観、田中は聞き取りで部落内部の階級矛盾の存在までを引き出している。松尾尊兊(たかよし)は「米騒動をどう見るか」(『新しい歴史学のために』二四号、民主主義科学者協会京都支部、一九五三年)で、騒動自体が革命的性格かのように言う見解に対し、参加者の実態などから疑義を呈する。諸資料によって「京都地方の米騒動に対する官憲の対策」(『日本史研究』二五号、一九五五年)、「京都地方の米騒動」(『人文学報』六号、一九五六年)も詳述。

奈良県：古川おさむ「米騒動――奈良県の事例」(『新しい世界』一三号、民主主義科学者協会奈良県支部、一九五五年)は『大毎』奈良県版よる概説。東京教育大の暉峻衆三・白川清・金原左門・中山敬一・川村英明による暉峻衆三編『地主制と米騒動』(東京大学出版会、一九五八年)については第9章5の(1)でも触れたが、奈良県法隆寺村の詳細な実地調査に基づく。「村の構造」、「商品経済の発展と農民層分解」、「地主的土地所有の変貌」、「小作料減免運動の展開とむら体制」、「米騒動」、「村における政治的支配の展開」に分かれ、農民運動の発展による村内支配体制の変化に光を当てることで、政治史的把握にもなっている。ここでの「米騒動」は、前年春からの小作料減免問題が決着していないところへ全国「米騒動」が始まったので、八月一四日に解決を迫る強談を村長に対して起こし、翌日、日稼ぎたちと共に地主に対し米借り行動を起こしたものである。金原はその後、隅谷三喜男・升味準之輔と「下部指導者の『思想』と政治的役割」(『近代日本思想史講座　第五巻』筑摩書房、一九六〇年)で再び法隆寺村を取り上げ、「リーダーの創出情況と変容過程」を分析している。

大阪府：実地調査と詳細な裁判記録の対比で騒動経過を実証した、渡部徹「大阪府古市町の米騒動」

『人文学報』七号（一九五七年）は、官庁記録のみによる判断の危険性を示すとともに、地主を中心とする支配層との対立が貧困層のみならず、新興ブルジョワ層との間にもあったこと、俠客の役割をも記している。また松尾尊兊「米騒動前後の摂津西浜部落」（『部落』七六号、一九五六年）は、日本一の大部落だった西浜で官憲が部落内の支配層を通じて蜂起を抑えた事実を紹介。住田利雄「米騒動に於ける住吉部落の動き」（『部落』一三七号、一九六一年）は、新聞・裁判記録が最も激烈な騒動だったかのように伝えていた誤りを聞き取り調査で正し、部落民も中心的役割をしたのでないことを明らかにした。ほかに多田文三「第四師団出動！大阪の米騒動——一主婦が値下げを叫んで大阪に波及した大騒擾事件の実況」（『特集 人物往来』一九五六年九月）、大阪市立大の見田石介ゼミ「堺・岸和田の米騒動」（見田石介ゼミ報告、一九五六年）がある。

兵庫県：法政大歴史学研究会「神戸に於ける米騒動——米騒動の第二段階」（『新史流』二号、一九五六年）は学生の記述で整理不十分であるが、参加者聞き取りなど興味ある資料が豊富である。安達正明「神戸の米騒動と社会主義者そのほか」（『市民評論』一巻一号、一九五七年）は、神戸で社会主義者が参加したという伝承は偽り、部落民の活動は過大視すべきでない、共通の目標が失われると群衆の統制力が失われたことを論述。吉村励「関西の米騒動」（『大阪市立大学経済学雑誌』三四巻五、六号、一九五六年）は、布施辰治弁護士事務所提供の裁判資料を素材に、「経過」、「諸潮流＝型」、「運動形態」を論じる。「都市型」と「農村型」に分け、さらに前者を米商襲撃の一般型、対家主騒擾型などに分けているが、労働者のストライキを「米騒動」とせず、労働者は労務者・職人層などの騒擾に「埋没」しているとする誤り、被差別部落型を都市型のみに分類している誤りがある。

愛知県：杉畠孝博「愛知県における米騒動——その革命的意義」(『金城学院大学論集』一六号、一九六一年)、久永豊雄「豊橋の米騒動」(『民科豊橋支部報』)、同支部パンフ「蒲郡(かまごおり)地区の米騒動」(何れも一九五五年)。

静岡県：「静岡県米騒動日誌」(パンフ、一九五五年)、「浜松地方の米騒動について」(『土のいろ』八八、八九号、一九五六年)を書いた金原左門は、「静岡の米騒動——その前後における教化策の実態」(『文化と教育』七巻二号、静岡大学教育研究所、一九五六年)、「米騒動段階における国民教化の一過程」(『教育史研究』六号、一九五八年)で、官憲が在郷軍人・青年会・産業組合など半官半民団体を利用して圧力をかけ、忠君愛国精神の振起を計ったと指摘。

岡山県：法政大歴研の調査をもとにした増島宏「岡山県の米騒動——農民運動との関連を中心に」(『社会労働研究』七号、一九五七年)は、都市の騒動に近郊農民が参加し、また都市民衆が近郊の寄生地主に農民と共に押しかけていること、また有力者・顔役が米商・町村当局に救済策を要望し、事態が収まらないとやくざが騒動のきっかけをつくることなどを指摘。

広島県：鶴原和吉「大正期民衆運動の変容——主として大正七年米騒動について」(『近代日本史研究』三号、一九五七年)は細川らの大原社研資料で街頭騒擾を概観し、被告の職業分析から前資本主義的大衆層とし、日露戦後日比谷騒擾と一九一九年以後との交替点を「米騒動」に求めるが、労働者のストライキを論外に置く誤りをしている。天野卓郎も大原社研資料や県内紙で詳細な「一九一八年広島県米騒動日誌」（『史学研究』七四号、一九五九年）を、次に「一九一八年米騒動における階級対立——広島県可部町の事例について」（『歴史評論』一二三、一二四号、一九六〇年）を書いた。後者では河部町役場資料で寄生地主＝一級町会議員と、兼業賃労働者・半プロ層とが対立し、間に入る小市民層が騒動指導者になっている点では、前述渡部徹の大阪府古市町と一致している。

山口県：藤井忠俊「炎もつ坑夫——宇部の米騒動」（『学園評論』三巻九号、一九五四年）は大原社研資料と聞き取りによる簡単な物語的記述であるが、高野義祐『米騒動記——その四十周年を回顧して』（米騒動四十周年記念刊行会、一九五九年）は、宇部炭鉱の大「米騒動」の全貌を裁判記録・新聞、背景についての在住者の豊富な知識で、詳細に物語風にまとめた力作である。

島根県：吉岡吉典「島根の米騒動」（『郷土』五、七、九、一〇、一一号、島根県郷土研究会、一九五八〜六〇年）は大原社研資料・新聞、丹念な聞き取り調査で県下各地での経過、当局の対策を詳述。浜田町では警官が群衆を誘導・激発したが、軍隊が民衆に敗北した稀有の事実を実証。

四国：山本繁『香川県の米騒動——香川県における米騒動の経済的基盤とその実態』（全日農香川県連合会、一九五九年）は県内紙と裁判記録による。桝井義則「米騒動の思い出——高知市」は「アカハタ」（五七年八月二〇日）に掲載。

福岡県：能代邦男「米騒動の思い出」（『新しい世界』三六号、一九五〇年）は志免村海軍採炭所暴動の聞き取り。法政大の現地調査による「福岡県下米騒動聞書集」（パンフ、一九五五年）は九炭労研「戦前における労働者の生活」（『九炭労月報』八九号、一九五五年）にも転載。

山梨県：座談会「大正七年の米騒動（若尾焼打事件）を語る」（『甲斐史学』六、七号、一九五九年）は当時の警察の対応が興味深い。

福島県：庄司吉之助『米騒動の研究』（未来社、一九五七年）は、前後の経済構造を「工場・金融・地主の三位一体的資本主義」の矛盾の激化とし、『日本帝国統計年鑑』によって全国騒動参加大衆の分類を試み、地方紙によって福島県各地での経過を詳述している。

宮城県：東北大学国史研究室の調査グループ和泉哲郎・柿崎竜夫・仲村哲郎「仙台の米騒動」（パンフ、一九五五年）は現地での文献と聞き取りに基づく詳細な物語風記述。

秋田県：田淵勝一郎「米騒動と秋田」（『秋田近代史研究』七号、一九六〇年）には「秋田魁新報」に依る民衆の生活状況、官憲の対策、新聞論調などがまとめられている。

2　長谷川博による片山潜の指摘の継承と、増島宏の差異

（1）長谷川博の一九五一年論文

「米騒動」が一八年でなく一七年からストライキ急増で始まっていた、という片山潜の指摘は、片

山の研究者でもあった長谷川博によって受け継がれた。二五年に河上肇を慕って京大経済学部に入った長谷川は、山田盛太郎・岩田義道らと研究を重ね、二八年一月には産業労働調査所京都支所、非合法の「赤旗」印刷局・編集局などに勤めて三・一五事件で逮捕され、三一年の出獄後も人民戦線運動・片山潜研究と共に「米騒動」研究を始めていた。

戦後、民主主義科学者協会（民科）の設立を進め、その歴史部会・経済部会・『歴史評論』創刊で指導的役割を果たした。民科労働運動史研究会との関係で五一年に書いた論文「大正初期の労働運動と社会主義思想」[16]は、一九一二〜一九年の物価指数・賃金指数の表を示し、一七年からの前者の急騰に後者が追いつけなくなってストライキが急増したことを指摘している。片山潜の認識を深めたものといえよう。法政大学の社会学部教授として、同大学の歴史学研究会（歴研）の「米騒動」研究を指導した。第13章1で述べる『米騒動通信』[17]第六号に氏の生涯と指導した法政大「米騒動」研究会による調査研究のリストを挙げておいた。

（2）増島宏の「『米騒動』の第一段階」の間違い

増島宏は後の講演[18]で、こう回想している。

「私が法政大学の社会学部の助手になりましたのは一九五三年で、……有名な明治維新史の服部之総先生、……長谷川博先生――この方は例の京大事件の時の学生のひとりでもありましたが……。服部先生もそうですが、先生が米騒動の研究をやらなくちゃ……と、私が入った当初から言っておられた。……私は最初……イギリスをやっておりました。ところが……服部先生が急に亡くなられ……急遽私が後の講義をやらなければならなくなって、日本の方の研究にそのまま入ってしまった、というわけです」、「そこで細川資料をたんねんに研究することと、現地に行って実際に調査をしようじゃないかということになった。第一回調査地地点として富山県をえらびまして、夏休みに学生をつれて……」。

その論文「『米騒動』の第一段階——富山県下現地調査を中心として」(長谷川博・増島宏『社会労働研究』創刊号・第二号、一九五四年)について、増島は後の座談会[19]でこう語っている。「『「米騒動」の第一段階』は先生と私の共著ですが、殆ど僕が書いて持ってって見てもらったんですが、殆ど直されていないんです」と語り、筆者にも「あの論文は僕が書いたんだよ、長谷川さんじゃない」と言ったことがある。

ところが、その内容が問題である。創刊号の方の「一、はしがき」は「米騒動」をロシア十月革命の世界的影響の一環とし、まだ一九五四年という時点だったからであろうがスターリンの、それまでの日本のプロレタリアートが「盲目の群衆」だったかのようにいう言葉[20]を載せ、二号論文の一二五頁にも「米騒動」がロシア革命の影響で起こったと書いている。このような見方が誤りであることは、今日殆ど論議を要しないであろう。

増島は創刊号論文の冒頭に、当時東京でも五グループが「米騒動」を研究していたが、「米騒動の発祥地富山県に赴き現地調査をおこなった」のは、「われわれ一行八名」が最初と誇り、「米騒動発生の歴史的記念日八月三日」を中心とする十日間に行ったと、西水橋町で始まったと謂われていた日付けを誇大に宣伝する。富山県から始まったのでないという今日的視点を別にしても、西水橋より早く起こっていた事件がその後たくさん見つかったことから見ても、十分調べないうちから過度の形容詞を用いるのは非学問的であろう。

創刊号の「三、歴史的事情」の「米騒動の前史」は、二号論文一一七頁の「富山県下米騒動史年表」によっており、これは大原社研「米騒動」資料のものであるが、県内務部からの「米騒動」中の諮問に対する市町村の応急の回答をまとめたものに過ぎないので、史実の三分の一ぐらいしか入っておらず、しかも警察の立場から隠蔽・歪曲された間違いだらけのものである（拙著『米騒動という大正デモクラシーの市民戦線――始まりは富山県でなかった』の三七一頁を参照）。維新期世直しの農民騒擾〝ばんどり騒動〟を冒頭に置いて、米騒動との差を明記せず、肝心の明治期米騒動については、目につくものを拾い出しただけで系統性がなく、何故それらの時期にその場所に起こったかの説明が全くない。

その上、増島は創刊号論文の一六六頁上段では「伝統」という言葉を使い、二号論文一一七頁末では〝移出反対の積出拒否〟が「加賀藩の治下以来何回となく繰り返されて来た」という史実に反する創作を突然（マルクスの「ルイボナパルトの十八日」まで引用して）持ち込んでいる。大船禁止令で近世の和船は一枚帆で、能登半島の内側に入り込むと出るのが難しく、北前船は富山湾に入るのを避けていたから、積出しに誘発される米騒動も稀で、幕末安政五年頃からは起こりだすが、殊に富山湾東岸ではほんの少件数だったのである。

維新後の富山湾岸には近世と異なって、米移出の海運が急成長する理由が揃った。大船禁止令が無くなって一枚帆で我慢する必要がなくなったばかりか、洋帆船から汽船まで使えるようになったので、富山湾に入ってくることを避けなくなった。また加賀藩が越中の大半を支配して持ち去っていた米が、廃藩によって越中自身に戻ってきたので、越中内に北前商人が急成長した。そして三方を山に囲まれて北の海に開けているので、米を北に運んで北海産物を持ち帰る海運が成長したのである。

それに誘発される積み出し反対の米騒動は、明治二二、二三年の企業勃興期までは高岡・伏木に通じる小矢部川・庄川沿いの積出し都市が主だったが、日清戦後産業革命で西から北陸線が入ってきて砺波鉄道もできて工業地帯が生まれると、街頭型の米騒動は減って賃上げ型に替わった。したがって富山湾東半（新川郡）が移出反対の街頭騒動の中心に見えたのは、近代でも日清戦以後に過ぎない。つまり増島が見ている富山湾東岸の移出反対は、「伝統」などではなく、僻地ゆえにおくれせに日清戦後に現れた近世類似現象に過ぎなかったのである。

以上の理由のため、二号論文の「富山県下米騒動史年表」の後の一二三頁始めのまとめ方にも問題がある。表（米騒動でないばんどり騒動の二件は除く）でも、富山市以西の町は表の前半、明治二四年まではほぼ半数を占めているが、それ以後では四分の一程度しかないので、「発生地の町村は殆ど一定であり」というのは間違いである。

また滑川の座談会で老婆に「他所にも起こるわけがあったのに」（一二三頁下段、一七二頁上段で繰り返し引用）と言われると虚をつかれ、なぜ富山県から始まったかと改めて考えざるを得なかった。富山県から始まったかのように見えるのは、第1部第8章の2で見たように細川嘉六が大原社研で一八年夏からしか資料を集めたために過ぎないから、増島はここで、富山県のような米移出地帯より移入（大消費）地帯の方で先に投機的に値が吊り上げられそちらで先に騒ぎが始まっていなかったか、再検討すべきだったのである。ところが逆に富山県を全国「『米騒動』の第一段階」と仰々しい論文名にしたのである。この誤りのため増島は師の長谷川博と意見が異なり、井上・渡部『米騒動の研究』の誤りを準備することとなった。長谷川は「米騒動」は一七年から労働争議で始まっていたという、片山潜の指摘を継承していたからである。この点については4で詳論する。

〈付録2〉法政大学歴史学研究会の「米騒動」研究

(1)小宮源次郎談

筆者（井本）は米騒動研究を始めた一九八〇年前後に、長谷川博に教えを乞うたところ、弟子の小宮源次郎を紹介された。小宮は法政大学大学社会学部での経験を次のように語っている。

(イ)「米騒動」資料は大原社研が一九三六年八月に東京に移転してからは、道府県別に紙ひもで綴じられた状態で大久保の地下室に転がっていたが、ここで空襲にあった後、燃えたかバラになって数が足らなかった。それで細川氏の手元にあったのと一緒にしたと聞いている。モスクワの片山潜の所に行ったのは原資料の新聞切抜きと聞いている。

(ロ)法政大の社会学部は社会労働問題の学部で、長谷川博教授・増島宏・芝田進午助手がいたが、田代正夫の経済原論の講義も三、四年生向きにされていた。歴研は長谷川・増島・芝田進午の指導下にあったが、社会学部以外の文学部などからも参加していた。歴研の米騒動現地調査は富山のあと、一九五五年に三班構成で行った九州、五六年の長谷川指導下の新潟と増島指導下の岡山、五七年の広島が行われた。九州には小宮と同学年の永井が行った。倉成美敏は病気で休学し九州に行けなかったが、経済史的に研究していた。教育大の米騒動研究グループとは学生レベルで一、二度交流した。

(ハ)岡山調査へ行った年と思うが、五六年の文化祭に細川嘉六・大内兵衛両氏が来て歴研メンバーと話し合ったことがある。教育大の学生歴研の連中とも一、二度交流した、暉峻氏の影響下にあるグループだった。

（以上、小宮氏談）

(2)筆者（井本）は長谷川が亡くなった後、その家に行ったことがあるが、写真帳が沢山あって殊に新潟米騒動調査のものが目についた。被襲撃者宅・被検挙者宅、佐渡行きで鉱山関係なども写っていた。富山関係の物は目につかなかった。富山に熱心でなかったのではないか。彼の五七年論文でも富山を特別扱いしないように言っている。

(3)増島は、「米騒動の現代的意義」（『歴史評論』一九八八年一一月）で次のように語っている。

「一九五三年の富山県調査のあと、五四年には、京都・名古屋・神戸・大阪と大都会を中心に調査。五五年には特に労働者の動きが激しかった舞鶴・呉、北九州の炭鉱地帯、そして五六年に岡山県と新潟県をやった。新潟県の方を長谷川先生が、岡山県の方を私が担当し成果の一部を『社会労働研究』七号に出した。岡山をやったのは農業地帯との関係がいま一つはっきりしなかったので、……農業の先進地帯の岡山を先生が選んだ」

(4) 以下は「長谷川博先生を偲ぶ会」で会った歴研の人たち。

久保田和幸：富山市岩瀬にいたことがある。「文学作品に現れた米騒動――一つの覚え書」（『労働運動史研究』四九号〈米騒動五〇年〉、一九六八年）を書く。

宮本　徹：小宮氏と同期。長谷川博先生を偲ぶ会のテープを保持。

(5) 法政大歴研「大正七年新潟県下米騒動日誌」一九五六年、木月支部、八月一六日

「岡山県北部（美作）の米騒動の調査報告――特に落合について」、「新潟県下における米騒動、その一：新潟市の騒動」、雑感：新潟グループ「地主王国」、岡山グループ「思うこと二つ」。

(6) 同会『一九一八年米騒動　調査しおり』一九五六年度米騒動グループ会議、九月九日

新潟関係資料図書目録／岡山関係資料図書目録・協力者及依頼者名簿（岡山県）

新潟調査日程／岡山調査日程

(7) 同会『歴研会報』一九五七年四月、新入生特集号

歴研活動方針案、部会報告（米騒動部会、維新史部会、農地改革部会、三・一部会）、研究会活動の

中から「一年間を米騒動部会に属して」、「農地改革のばあい」、「三・一部会（東洋史）をかえりみて」、「学習会（木月）について思うこと」、「歴研の型について」。

(8)同会『歴研会報』一九五八年二月

運営委員会「我々は『紀元節』復活に反対する」、「米騒動四〇周年を迎えて――一九五八年度方針についての提案」、「一九五七年度活動反省記――統一テーマを中心に」、「一九五七年度農地改革部会総括（案）」、「米騒動部会一九五七年度総括（案）」、「広島県下の米騒動――芦品郡府中町の場合」、「広島県三次市に於ける米騒動――闘争経過」、「湯川和夫著『マルクス主義国家論にかんする覚え書――レーニンと毛沢東』について」、「バラ色に関する考察」。

(9)同会『歴研会報』一九五八年八月

「五八年度前期　米騒動部会報告」、農地改革部会「調査まとめ――都下町田市鶴川町」、「学問に於ける階級制――弁証法的把握のために」、「文学と歴史学」、「木月の生活を振り返って」、「参考文献紹介：野呂栄太郎『日本資本主義発達史』・エンゲルス『ドイツ農民戦争』」。

(10)同会五五～五九年についての倉成美敏氏（町田市日本共産党議員）の回想

「法政大の社会学部は社会労働問題学部という感じ、社会学原論という講義は有ったが服部之総がやっていた。自分は助教授の田代正夫氏（経済原論）のゼミに属する一方、長谷川・増島・芝田進午の主導する歴研にも入っていた。結核で五九年は休学するなど曲折があった。五五年の三班に分かれて行った九州調査には、準備の勉強には出ていたのに、病気で行けず。五六年には岡山調査・新潟調査があって、岡山の方に行った。五七年の広島調査には行けなかった。卒研は（田代ゼミ所属だったから）経済史的な側面を扱った」。

(11) 以下は歴研の五五～五九年当時にまとめられた冊子についての筆者の感想。

米騒動の評価に

〈一、世界史的意義〉「民族解放運動の一環」と書いているのも適切でないが、「資本主義の全般的危機」という見地は、日本共産党も一七回大会（一九八五年）で否定していて、「米騒動」の原因をそれに求めることはできない。また、天皇制下の日本資本主義の矛盾といっても、なぜそれが大戦末に「米騒動」という形で現れたのか説明できない。

〈二、運動史的意義〉の1で「街頭騒擾で半プロの比重は圧倒的」と書いているが、プロレタリアは生産点でのストライキで盛んにたたかっていたと、片山・長谷川も強調したのを見落としている。

○矛盾のとらえ方（正否を問わず列挙するにとどめる）。

河田　光「第一大戦後の日本」『日本歴史講座』：基本的矛盾は「農業・寄生地主制と急速に発展する資本主義」。

信夫清三郎『大正政治史』は絶対主義の第四期で、基本的矛盾は「封建制⇕人民大衆」と。

日本経済機構研究所『日本国家独占資本主義の構造』：基本的矛盾は「大工業資本主義と農業に於ける半中世的制度（小作制度）」。

井上清・鈴木正四『日本近代史』：基本的矛盾は「全般的危機」下に於ける「半封建的地主制⇕資本主義の急激発展」。

庄司吉之助『米騒動の研究』：基本的矛盾は三位一体体制（産業資本・商業資本・寄生地主制）の編成替えと階級闘争激化の接触点。大戦中の資本主義発展で基本的矛盾が激化。「要求」、「対策」、「参加層」、「経過」、「策出対象」、「行動形態」、「歴史的影響」に分けて討論。

(12)同会『歴研会報』一五号（一九六〇年一〇月）夏期調査報告

「香川県の米騒動調査概要」、「常磐炭田に於ける米騒動調査報告」、「米騒動静岡班調査報告」、「農地改革部会調査報告」、「無題」（匿名）、「長野県に於ける一九一八年の米騒動——闘争経過」。

3　斉藤弥一郎の滑川「米騒動」聞き取りによる、石母田正の指摘

石母田正「米騒動の発端について」[21]（一九五四年）は、直前に出された増島の「『米騒動』の第一段階」の存在を指摘しているが、それと異なる自由な観点から基本的な問題提起を行っている。「北陸というもっとも後進的な一地方の、しかも富山湾沿岸の漁村の主婦という封建的関係のつよくのこっている人々によって開始されたということは、どのように考えたらよいのだろうか」という率直な疑問を出し、「もっとも後進的な漁村の主婦の中に埋もれている『革命的なエネルギー』が爆

発」というような「漠然とした解釈に」は疑問とし、斎藤弥一郎の資料に拠って基本的な指摘を行っている。

斉藤弥一郎は戦前から滑川米騒動の聞き書きを蓄積していたが、それが著書『富山県社会運動史』、『米騒動』として出版されるのは、それぞれ六一年二月、七六年八月であるから、石母田が「見せてもらった」手記というのは、それらに編集する前の資料であろう。滑川町では「工場またはマニファクチャアに働きに出かける賃労働者が多」かったことや、漁夫たちの「北海道その他への」出稼ぎと共に、その女房たちが「沖仲仕たちの下働き」をしていることに注目して、「後進的漁村の女房一揆とのみ考え」ていたのは誤りで、「半プロレタリアに転化しつつあ」ったと、富山県「米騒動」では初めての指摘を行っている。

4　長谷川博の五七年論文による指摘と増島・松尾

（1）長谷川博の五七年論文による指摘

長谷川の一九五七年の論文[22]は、多くの示唆に富み米騒動研究の古典とも言い得るもので、冒頭で次のように書いている。「日本近代史や各特殊部門の歴史文献のなかで、われわれは米騒動のさまざまな位置づけ、歴史的意義の付与を見出すであろう……、米騒動をどのように扱っているかは、その史書の科学性を知る一つのめど」になる。そして研究の起動・科学的研究の始まりが片山潜に依らなければならなかった経緯を中心に、戦前の研究史に頁数の四分の一を費やし、戦後の研究の一々の紹介に頁数（一九九〜二四〇頁）の四分の二をかけ、地域別の文献紹介をも加えて、「米騒動」四〇周年の総括と言い得るものにしている。そして最後の四分の一で「当面の諸問題」と題して自身の「米騒動」に対する考え方を明確に表明し、その「階級闘争としての米騒動」でこう書いている。

「米騒動前後の諸情勢の中での全被圧迫階級＝人民の闘争は、米騒動の途中からではなく、終始プロレタリアートの階級闘争によって規定されている」。「米騒動の発端の段階においてプロレタリアートの主要な闘争形態は、その時闘われていたような工場におけるストライキであっ」て、「街頭闘争」が起こるのは「第二段」である。つまり長谷川の「第二段」は細川が資料蒐集の基点にし増島が「『米騒動』の第一段階」とした一八年夏であって、長谷川自身の「第一段」は片山がストライキ急増を指摘した一七年からなのである。「上からの」近代化ゆえに生じた二重構造のうちの、（争議と居住区消費者運動である）近代型と（米移出地帯と歴史的な地域にしか残っていない）近世類似の街頭型の双方を長谷川は意識しているが、細川・増島は後者しか見ていなかったのである。

（2）長谷川の五七年論文を松尾尊兊は誤読し、増島宏は理解せず

増島は法政大学の社会学部の長谷川研究室のスタッフとして、一九八五年一一月に長谷川が亡くなった際にも葬儀委員長をつとめる立場にあったが、「長谷川博教授のこと」という追悼文[23]のなかで

長谷川の業績について述べる際にも、増島との共著形式だが増島が書いたと自身で公言している「『米騒動』の第一段階」を第一に挙げ、長谷川の代表論文である長谷川の前記五七年論文を全く挙げていない。そして「プロレタリアートの指導性の強調は、米騒動の全人民的運動としての性格を軽視することになってはならない。この点で長谷川博教授の研究は若干の批判をうけた」と書いている。この「若干の批判」が次に見る松尾尊兊の誤読であり、また自身の長谷川評に他ならないことは、増島がこう語っていることで明白である。「長谷川先生は原理原則に非常に忠実な人ですから、要するに、米騒動はプロレタリアートの指導だということを実証したいという思いが先にたつわけですよ。……都市型の全人民的な方向というよりも、そのなかでプロレタリアートが指導しているんだということを実証したいという考えがあるんですよ。そこんところが少しナマだったんではなかったかという気がします。それが一番典型的に現れているのが『日本資本主義入門』に書いた長谷川『米騒動』ですね。先生の考え方ではあるけれども、多少行き過ぎのところがありますね(24)」。

一九六二年に出た井上・渡部編『米騒動の研究』第五巻の四〇四頁で、松尾尊兊は長谷川論文に対し、「終始プロレタリアートの階級闘争によって規定されている」とは現実無視で論理の飛躍、「参加して」はいても「規定している」との証明はないと評しているが、誤読である。前記のように長谷川は片山と共に一七年以来ストライキが急増していたことを強調し、彼が「終始」と言っているのは一七年以来のストライキ頻発のことだからである。松尾にこの誤読が生じたのは、増島が書いた「『米騒動』の第一段階」が2(2)で見たように長谷川との連名形式になっていたからであろう。

(3) 松尾尊兊の片山潜の「米騒動」研究に対する評価

在ソ期の片山潜がスターリン体制下のコミンテルンで置かれていた苦境を知ることができるようになった今日、筆者は彼の三一年、三三年論文の「米騒動」のロシア革命直結論などはその状況が書かせたものとして問題視しないが、松尾もその点を別にすれば以下のような片山の「米騒動」論を高く評価している。

(イ)要求は大部分経済的なもので政治的なものではない。官憲の制止弾圧で凶暴化したもので、地方的な指導者はいても全国的指導者はいない。

(ロ)裁判記録の職業では九〇%が労働者。

(ハ)鎮圧に最も効果的だったのは新聞報道禁止、慈善的救済・弾圧の併用。私服を利用しての検挙・挑発。国軍は民衆の憎悪の的となり大損失。

(ニ)知識層に異常な影響を与え、すべての社会運動、自由主義が「米騒動」に発することになった。

(ホ)元老・官僚政治は崩壊し、労働大衆が自己の巨大な力を自覚した。「米騒動は日本における民衆運動の全般的覚醒の、最初の力強い端緒である」。そして松尾は、片山が「米騒動」を単なる街頭の暴動としてではなく、労働者のストライキ、農民の騒動を含めた全人民的闘争として把握し、民衆運動へのその巨大な影響を明確に指摘したことは大きな業績だったと結論する。

但し松尾は、井上がその片山と異なって街頭騒擾だけを「本来の米騒動」とし、労働者のストライキは街頭騒擾の影響で暴動化したものしか「米騒動」に数えなかった誤りには触れていない。

5　井上清・渡部徹編『米騒動の研究』における米騒動定義の誤り

大原社研「米騒動」資料のコピーで細川の手元にあった分は、細川の関心の植民地問題への移行、いわゆる横浜・泊事件、戦後の政治活動などのため放置されていたので、山辺健太郎の監督下で梅田欽治・鶴原定吉らが研究していた。そして一九五四年に京都大学人文科学研究所に委託されて約一〇〇冊に製本され、それを研究した井上清・渡部の編になる『米騒動の研究』が六〇年前後に発表された。以下では井上・渡部編『研究』と略記する。大部分が県ごとの論議なので、以下では全国的視野で書かれた第一巻第一章と第五巻だけを見よう。

(1) 第一巻の井上執筆「全国的概要」への批判

この章はⅠ~Ⅵの六節からなる。Ⅰの「2　米価の騰貴とその原因」は、シベリア出兵投機以前の一九一七年上期から米価が騰貴し始めた理由として、大戦による世界的な通貨膨張、貿易収支の大黒字による正貨激増、米穀供給力の停滞を挙げているがそれだけでは説明になっていない。貿易収支の大黒字で正貨が激増しているなら、それを投入して需要の増加に応える拡大再生産をし米を輸入すれば、物価騰貴や米穀供給力の停滞になるはずがないからである。

Ⅲ「国民の生活難」の「社会不安の激成」（六三頁）で、「一九一七（大正六）年ごろから、階級対立が激しくなる兆候がありありと見える。労働争議は警察統計によっても、一七年は前年よりも件数で三・八倍、参加人員では七倍近くの激増であり」、「争議を月別に見ると（中略）、米価が一路ばく進しはじめた一九一七年六月から米騒動が全国化するにいたる一八（大正七）年八月までは、とくに多」かったと指摘している。それならその「一七年六月から」を「米騒動」の始まりと定義すべきなのに、それを除外し、街頭騒擾だけを本来の「米騒動」と定義するから、以下の矛盾が生じてくるのである[25]。

「八月一七日夜山口県宇部の沖の山炭坑」から「北九州」にかけての炭坑争議の「一〇カ所が暴動になった事」、「炭坑争議はなお北海道の美唄と福島県の常磐にも」あったことを、「せまい意味の米騒動ときりはなしては、炭坑の騒動もありえない」とするのは誤りである。六三頁に井上自身が書いた「一九一七（大正六）年ごろから、階級対立が激しく……米価が一路ばく進しはじめた一九一七年六月からストライキが急増し、殊に北九州の福岡炭坑や中鶴炭坑では暴動化して、炭坑ストは一八・一九年まで一貫している。だから「炭坑ではおそく、八月一七日以後に始まった」と書いているのも全くの誤りである。「労働争議は……一七年は前年よりも件数で三・八倍、参加人員では七倍近くの激増」と認めていたのに、一八年夏は暴動化したものだけしか拾わないのは、ちぐはぐな人為操作である。

第一巻の京都を扱った二八三頁に一八年一月三〇日の西陣撚糸工による打毀し、第四巻の三六三頁に同五月二〇日に福岡県遠賀郡中鶴炭坑の暴動化を書いているが、これらはみな井上の言う「せまい意味の米騒動」より遥か前に起こっているのだから、「争議や暴動」が「せまい意味の米騒動」で誘発されたというのは誤りである。筆者が第1部第8章で指摘しているように日本近代の米騒動は、労働者階級による近代型（争議・居住区消費者運動）と、近世類似の街頭型（米移出地帯や歴史的地域に残る）だけになっていたのに、井上は後者だけを「本来の」「米騒動」とする誤りに陥っているのである。

Ⅳの一「騒動の類型」（一〇五頁）やⅤの一〇七頁で、第一型は「居住地域の共通性で集団となった街頭の群衆行動」、第二の型は「労働争議および小作人の地主に対する争議が第一の型の群衆行動に触発されたもの」で、「第一の類型がせまい意味の米騒動で……主流である」といい、「この二つを基本とし、さらに両者のさまざまの混合型がある」というが、「主流」でないものの数が多い上に、混合型などという逃げ口上までを設けなければならないのは、「第一の類型」だけを「主流」とした誤りの結果である。「両者は並行して同時に存在した。工場労働者の争議は騒動の全般にわたっている」と認め、その飛躍的急増が起こるのは一七年端境期からと井上自身が六三頁末に書いている。また三菱神戸造船所の争議暴動化が神戸市の鈴木商店などの焼打ちに影響し、炭坑夫が宇部の米屋・遊郭を攻撃したこと、舞鶴の工廠労働者が余部（あまるべ）町の米屋・商店を襲った時に町民も合流したことなど、工場争議が街頭型に影響している事実は多いのだから、「労働争議が街頭の群衆行動を激発したのではない」というのは事実に反する。また街頭型は「江戸時代町人の『うちこわし』と全く同じである」というのも誤りである。日露戦後に広まった「市民大会」呼びかけ型暴動が街頭型の主流に成っているではないか。

Ⅳの二「参加階層」では、「大都市や舞鶴・呉のような工廠都市・工業都市以外では、県都レヴェルでも工場労働者の比率は更に少ない。都市の大小にかかわらず」、「工場労働者は極めて少ない」と宣言する（一〇八〜〇九頁）が、これは結論ではなく、井上がとった手続き自身によって生じた偏りに他ならない。工場労働者は職場での争議に参加しており、街頭騒擾に参加するのは仕事に差し支えるから難しいが、労務者層（人夫・車夫・仲仕など）・職人たちは不安定雇用で、職場での争議が難しく街頭騒擾の方が参加し易いからである。井上はⅤの一〇八頁で吉河前掲書の数字を引用し、一一七頁では街頭騒擾が晩までは本格化しないのは「近代的労働者の階級的自覚・団結にもとづく組織的参加がなかった」ためのようにいうが、彼らは職場で賃上げで最も早くから闘っているのに、井上がそれを「米騒動」に数えずにいるために他ならない。

（2）第五巻の問題点

第五巻は「第一章　米騒動の構造」渡部徹、「第二章　米騒動の取締りと鎮圧」松尾尊兊、「第三章　米騒動『事件』と裁判」吉田樹美子、「第四章　米騒動の歴史的意義」井上清、「第五章第一節　徳川時代および明治初年の米騒動について」後藤靖、「第五章第二・第三節、一八九〇（明治二三）

年・一八九七（明治三〇）年の米騒動」山本四郎、「第六章　米騒動研究のあゆみ」松尾、から成るが、ここでは「第一章」、「第四章」だけを検討する。

「第一章　米騒動の構造」渡部徹

渡部は、第一巻の「全国的概要」で「米騒動」の終わりを一八年九月一七日の福岡県嘉穂郡明治炭坑と定義していたのは暴動と思っていたからだが、（第四巻四三二頁に見るように）争議に過ぎないと判ったので、同月一二日の三池炭鉱暴動までに変えるという。暴動でない富山湾東岸の街頭騒擾を「米騒動」の始まりとしているのに、賃上げ争議は暴動化しない限り「米騒動」に含めないというち
ぐはぐである。

「第四章　米騒動の歴史的意義」の井上の見解

井上は第一巻一三八頁で「当時の国民党左派よりももう少し民主的な政党組織があってそれと新聞とが連合していたら、たしかにここには立憲君主制を確立する機会はあったわけである」、「小ブルジョワ主義者の指導によるブルジョワ君主制への変革を期待しうる客観的条件はあったわけである」とし、この第五巻の三〇四頁でも、「ブルジョワ民主主義革命の、絶対主義から立憲君主制への変革の、客観的な可能性が存在していた」と書く。それについては後述のように多くの批判が聞かれる。井上は、片山潜が在米中から「米騒動」が一九一八年でなく一七年からストライキで始まり、

労働者階級の主導で一貫していたことを指摘していた（第1部第8章1参照）ことを知らなかったようである。

註

（1）井上辰雄「米騒動の真相をつく——愛知県下の闘争」（『人民評論』二巻四号、一九四六年）。
（2）原毅「米騒動はこう教えている——大阪に於ける経験の分析」（『社会評論』六号、一九四六年）。
（3）「米騒動の神戸地方」（『真相』六号、一九四六年）。
（4）新居格「米騒動の思い出」（『世界文化』一巻六号、一九四六年）。
（5）細川嘉六「米騒動とその後の国民的成長」（『世界評論』一巻七号、一九四六年）。
（6）民主評論編集部「憲兵史の見た米騒動」（『民主評論』一九四七年九月）は、田崎治久『続 日本の憲兵』（軍事警察雑誌社、一九二七年）の「米騒動」関係記述も紹介している。
（7）『人民評論』の特輯「米騒動・大正七年前後」（一九四八年八月）が三篇のスケッチ、内外情勢についての守屋典郎「日本帝国主義の転回点」・武井武夫「一九一八年の世界政治」と、民衆生活状況についての玉城肇「米騒動の社会的背景」を掲載している。
（8）井上晴丸・宇佐美誠次郎『国家独占資本主義論』潮流社、一九五一年。
（9）栗原百寿『農業危機の成立と発展——日露戦争から昭和大恐慌前まで〈日本帝国主義講座〉』白日書院、一九四九年。
（10）信夫清三郎『大正政治史』第二巻、河出書房、一九五一年。
（11）梅島和夫「米騒動の伝統は生きている」（『新しい世界』五〇号、一九五一年）。

(12) 村越末男「米騒動に於ける未解放部落の研究」(『部落問題研究』三号、一九五八年)。
(13) 金原左門「日本政党政治の成立をめぐる問題性――原政友会内閣創出の過程分析」(『日本歴史』一四八、一四九号、一九六〇年)。
(14) 山辺健太郎「一九一八年の米騒動について」(『前衛』一四七、一四八号、一九五八年)。
(15) 同右「米騒動と農民運動」(農民運動史研究会編『日本農民運動史』東洋経済新報社、一九六一年)。
(16) 長谷川博「大正初期の労働運動と社会主義思想」(『歴史評論』一二八号、一九五一年三月)。
(17) 『米騒動通信』第六号(環日本海米騒動研究会編、国会図書館蔵)。法政大歴研の会誌『新史流通信』一九号(二〇〇七年五月)に掲載の宮本徹「こま子年譜」は、長谷川氏が結婚していた島崎藤村の姪についての詳報で、それを通じて氏の生涯を詳しく知ることができる。
(18) 増島宏「米騒動の現代的意義」(『歴史評論』一九八八年一一月)。
(19) 『鳩笛　長谷川博先生追悼文集』同編集委員会、一九九五年。
(20) イ・ヴェ・スターリン「十月革命の国際的性格」(『レーニン主義の諸問題』三六七頁)。
(21) 石母田正「米騒動の発端について」(『日本資本主義講座』月報10、岩波書店、一九五四年八月。石母田正『戦後歴史学の思想』法政大学出版局、一九七七年に再録)。
(22) 長谷川博「第六章　米騒動」、有沢ほか『日本資本主義研究入門』第Ⅲ巻、日本評論社、一九五七年。
(23) 前掲『鳩笛　長谷川博先生追悼文集』。
(24) 同右。
(25) 井上・渡部編『米騒動の研究』には他にもかなり誤りがある。第五巻三二三頁の「第二表　米一揆地域別・年次別発生数」は統計・書込みの間違いで、実態が全く見えなくなっている。これを正した表は前掲井本監修・歴教協編『図説　米騒動と民主主義の発展』(民衆社)の六〇五頁にある。

第12章　五〇周年期（一九六八年前後）からの研究

維新一〇〇周年で「米騒動」五〇周年の一九六八年の前後には、『労働運動史研究』・『歴史評論』の特集、金原左門編『自由と反動の潮流　日本民衆の歴史 7』（三省堂）など、特集が多く出版されて、「米騒動」研究に期を画した。

1　労働運動史研究会『米騒動五十年特集』

これは「米騒動」五〇周年特集で最大のもので、労働旬報社の『労働運動史研究』四九号として一九六八年一二月に出された。

国内的な論稿七篇、塩田庄兵衛「『米騒動』と現代」、増島宏「『米騒動』研究の成果と課題」、久保田和幸「文学作品に現われた米騒動――一つの覚書」、復刻版に布施辰治「生きんが為に――米騒擾事件弁論の公開」、米倉猪之吉「峰地炭鉱の米騒動」、湊七良「米騒動体験記」、文献リストとして法政大学米騒動研究会「一九一八年の『米騒動』に関する文献」を揃え、国際的にも次の四篇を備えている。ペ・ペ・トペーハ「十月革命の日本に与えた影響」（敷野静子訳）、西島有厚「第一次ロシア革命からみた米騒動」、栗田健「第一次世界大戦後のイギリス労働運動」、吉岡吉典「朝鮮の米騒動研究について」。

(イ)塩田論文は「米騒動」が日本「現代史の序幕を開いた」とし、片山潜の三一年論文が「日本における民衆の全般的覚醒の最初の、力強い端緒」で、「この暴動は都市の労働者によって統制されている」と指摘していると伝える。しかし塩田はそれまでの片山潜の「米騒動」論の紹介と同じくこの三一年論文だけで、片山が細川や井上・渡部と同じく富山県から始まったと思っていたかのように扱い、片山が在米中から「米騒動」は一九一七から労働者のストライキで始まったと指摘していたことには触れていない（第1部第8章の1を参照）。

(ロ)増島論文は「米騒動」における「民衆の精神」というテーマを掲げ、シベリア出兵のさ中にそれが起こったことは、「侵略と軍国主義の上にたつ」国家の栄光を、「日本の民衆が断固として拒否して、一人ひとりの生活、基本的人権の上に立つ」ことを示したと、騒動記事禁止を跳ね返した新聞人までを含め「全人民的に」それが行われたと指摘する。しかし増島が二五頁で、「米騒動」を一八年「七月の末から十月の初めにかけて」の街頭騒擾に限っているのは、誤りである。原因は増島が、片山が細川の集めた資料を基にして「米騒動」論を書いたように思い込んでいるためである。片山潜は在米中の一九一七、一八年から幾つもの論文を書いており、そこでは「米騒動」が一七年からの労働者ストライキ急増で始まったことを強調している。増島が唯一引用する一九三一年論文はそれに富山県のことも書き足したものに過ぎない（本稿第8章1参照）。

(ハ)久保田論文は、「米騒動をテーマとした創作作品、及び作品中で大きなテーマとして登場しているもの」として、永井荷風「花火」（一九一九年）・麻生久「黎明」（二四年）・橋本英吉「一九一八年の記録――米暴動に関する」（二八年）・山内謙吉「暴徒」（『文芸戦線』八月号、二九年）・堀田善衛「夜の森」（五四年）・藤井忠俊「物語　炎もつ坑夫――宇部の米騒動」（五四年）・武田芳一「黒い米」（五八年）・住井すゑ『橋のない川』（六一～六四年）・城山三郎「鼠」（六六年）を挙げ、他に作品のなかで編年史的に登場するものとして、山城巴「荷車の歌」（五六年）・杉森久英「大風呂敷」・芹沢光治良「人間の運命」を付記している。

永井荷風は大逆事件の際に発言できなかったことを厳しく反省し、自らを江戸戯作者のレヴェルと評し、一八年八月以後の「荷風日記」に東京の「米騒動」を記している。同一二月に『改造』に掲載した回想形式の「花火」では、「明治二三年の憲法発布祝賀会、……大正七年の米騒動、第一次大戦休戦記念の諸事件を、自己の見聞に従って鋭い筆致で描」く。麻生久「黎明」・堀田善衛「夜の森」などの評価も高く、「住井すゑ作『橋のない川』などのように、作品の中で大きなテーマとして登場するものは幾つかあるが、概して『米騒動の文学』という言葉は成り立ちえない」という。「自由民権運動など明治には民衆の歌というものを持っていたが」、幸徳事件以後、また後の「軍国主義」のベールに閉ざされ、「戦前、わずかにプロレタリア文学が……受け継いでいた」と久保田は評する。

(ニ)布施辰治『生きんが為に――米騒擾事件弁論の公開』は一九年秋の公刊で、「米騒動」公判に現れているものは、「我邦現在の二大憂慮たる生活不安の脅威と、官権の民卑を圧迫する時弊とを縮図したる悲劇の一場面」で、「国家からも社会からも、その生活を保障されない」ための「米騒擾にあらわれたる国民思想の動揺は、断じて危険思想にあらずして、正当かつ順良の動揺であった」と、民本主義に立っている。

(ホ)米倉猪之吉「峰地炭鉱の米騒動」は、峰地二坑での経験と法政大資料による回想。一八年八月の騒動全国化の二〇日前から交渉し一人一日二五銭上げさせて、賃金三割上げ、米一升二五銭売りの嘆願書を出し、中心分子が向学心の強いおとなしい青年たちであったが、及ばず暴動化し、裁判所が新聞記事を利用してデタラメ判決した。

(ヘ)湊七良は、プロレタリア科学研究所日本資本主義研究会の『プロレタリア科学』第三巻八号の檄「米騒動研究に参加せよ」に応じ、九号掲載(三一年)。築地明石町に住んで新佃で職工だったが、蒸し暑い晩に米屋襲撃の喊声を聞いて跳ね起き、三日間、銀座・蛎殻町・日比谷に通い、山本懸蔵の演説や山名義鶴・佐野学にも会う。

(ト)トペーハ「十月革命の日本に与えた影響」は、スターリン支配・ソ連崩壊の双方を経た今日、それ以前の視点で書かれたもの故、敢て論評する意味は感じられない。

(チ)西島論文は第Ⅰ章で、ロシアの一九〇五年の革命と「米騒動」との間には幾つか重要な相違があるので、両者の直接的比較はあまり有効性がないが、以下の理由で編集部が与えたこのテーマを敢て書くという。

(1)天皇制という前近代的絶対主義的支配体制による軍事的封建的帝国主義は、ツアーリズムのそれによる帝国主義と基本的に同一範疇で、ロシアでの（ブルジョワ革命から社会主義革命への）二段階連続革命論が戦前の日本に適用される。

(2)ロシアの一九〇五年革命も「米騒動」も初めての全国的闘争だった。

(3)どちらも戦期末で戦争が深くは関わっておらず、矛盾の構造を直接見うる共通性もある。

(4)どちらもプロレタリア主導の民主主義運動の時期で、〇五年のロシアと一八年の日本とでは労働者数・工場労働者数・争議件数・参加人員数で似通っていた。

しかし第Ⅱ章で西島が、〇五年のロシア革命と違い「米騒動」は、(a)労働者のストライキは部分的に見られたにせよ副次的なものに過ぎなかった、(b)大都市でなく地方から始まった、(c)米価暴騰に対する生活防衛闘争でしかなかった、と書いているのは、（第1部第8章1・2で指摘したように）細川たちの大原社研資料蒐集の狭さと井上・渡部編『米騒動の研究』の誤りによる誤解である。したがって第Ⅲ章「プロレタリアートの役割」は、「上からの近代化」に起因する旧構造に対し、「下からの」それを開いた大戦後デモクラシーの主導勢力と書かれるべきだったと思われる。

(リ)栗田論文は「第一次大戦を転機としてイギリス資本主義の成長期は終り、衰退の過程が始まった」という。大戦が欧州本土を主戦場としたので、日本は一九世紀以来イギリスなど欧州列強から受けてきた外圧から最大限に解放され、資本主義が急成長したのと対照的である。したがって日本の労働者階級が「米騒動」で歴史の前面に登場したのと対照的に、「イギリスの場合は、労働組合の組織的運動の頂点としての展開を見せ、結果においてその限界を示したと見ることができる」という。

(ヌ)吉岡の朝鮮「米騒動」研究は『朝鮮研究』四一、四五、四八、五六(一九六五〜六六年)に発表され、『歴史評論』二一六号(六八年)でも要約を見られるが、趙景達「米騒動と植民地朝鮮」(『米騒動・大戦後デモクラシー百周年論集 I』二〇一九年)で見直されるべきである。

2　歴史科学協議会編『歴史評論』米騒動五〇周年特集

(1)増島宏、金原左門、梅田欽治の座談会

(イ)司会の梅田による研究史の概略で始まる。増島は細川たちの蒐集を高く評価し、片山潜についてはモスクワへ来てからの論文だけに抽象的にふれる程度である。金原は農村との関係を語り、梅田とともに、アジアの中で見る視点の重要さから、大江志乃夫『近代日本とアジア』(三省堂新書、一九六八年)が全く「米騒動」に触れていないのを不満という。

(ロ)プロレタリアートの主導性について増島は、庄司吉之介が「前衛に組織的労働者が存在した」と言うのは「事実に反する」と言うが、金原は、松尾が長谷川は「現実におけるプロレタリアートの階級としての成熟度を捨象し」、「プロレタリアートの役割の過大評価」だと言うのは、松尾の受け取り方が末梢的で不整合と言い、梅田も長谷川は「街頭型米騒動」に限って言っているのではないと言う。筆者は、増島・松尾が細川たちの一八年夏秋の街頭騒擾の蒐集だけを見ていて、労働者ストライキが一七年六月の急増以来一貫していたのを見ていないためと考える。

(ハ)金原は、農村などでの階級対立が大正デモクラシーを創出していく状況を重視し、「米騒動」をもその画期として捉える。増島は、帝国憲法の枠内で改良を目指す吉野作造などの、狭義の大正デモクラシーもあったのと区別しなければならないという。

(ニ)残された課題として増島は次の三点を挙げる。

第一点：「米騒動」は民権期に比べ問題が明らかになっていない、戦間期の性格と共に。

第二点：細川資料はまだ不完全だから補う必要あり。

第三点：各地の研究で全体像を明らかにすること。

金原の方は、なぜあそこで矛盾が爆発せねばならなかったかの究明が全く遅れている、「米騒動」の時点だけでなく近・現代の流れの中で見ねば、と本質的な問題提起を行った。

(2) 梅田欽治「一九一八年米騒動の歴史的意義」

東京歴科研大会の討論を踏まえた報告で、第一節で佐藤栄作首相の「栄光の明治百年」との対比を、第二節は第一次大戦期の帝国主義世界体制とアジア情勢を記し、第三節で「階級闘争としての米騒動」をこう記す。「米騒動」は「工場プロレタリアート・職人・都市貧民・農漁民・部落民など広範な人民が自ら立ち上がった点で、まさに「下から」の闘いだったが、革命的意識で指導する主体を形成することはでき」ていなかった。

しかし井上・松尾が、「扇動者として資本主義インテリ、これに全国的指導組織としての民主主義政党が存在して居たならば、少なくとも、明治天皇制の立憲君主制への改革の歩みは大きく前進したであろう」と主張するのは、逆に「プロレタリアートの役割の過小評価の恐れ」があると批判し、次の数量的分析を示す。ストライキは一九一二(大正元)年から増えだし、一七年には前年の件数で四倍、参加人員で七倍にも跳ね上がって、一八年の参加人員は戦前最高でその四割が八月に集中している。しかも一九年には件数が更に増え、一七年からの三年間は明らかな転換期を形成している。東京の一八年八月の山本懸蔵たちの活躍を見ても、日本のプロレタリアートの成熟度を過小評価すべきではない。

そして梅田は、第四節を「米騒動は、日本の労働者階級に力強い刺激を与え、それを広い革命的な道においた」という片山潜の三三年論文の言葉でまとめるとともに、日本が「米騒動」で露呈した矛盾を朝鮮「産米増殖計画」という植民地米依存で済ます形で、侵略の道を進んだことを見落としていない。

（3）平田哲男「米騒動研究の現段階」

東京歴科研で一九六七年秋に出された「人民闘争史」を目指す方向で研究史を振り返り、「米騒動」の戦後の研究を四期に分けている。第Ⅰ期（四〇年代）は四六年の食糧メーデーをピークとする発掘期で啓蒙的なものが多く、四八年には全般的危機論に立つものが中心であった。第Ⅱ期（五〇年代）は五一年に信夫清三郎『大正政治史　第二巻』で包括的な「米騒動」記述が世に出てからで、それを基礎に道府県別研究が盛んになる。第Ⅲ期は井上・渡部編『米騒動の研究』全五巻の出版が済む六二年までで、第四期はそれ以後五〇周年までとしている。

平田は井上・渡部編『米騒動の研究』に対しても、細川たちの大原社研資料に全面依存し、現地調査を全くしていない点を批判している。確かに細川の郷里である富山県の記述でも、執筆者の後藤靖が富山県を知らないための見当違いや大きな脱落が見られる。

最後に「米騒動評価の問題点」として以下を挙げている。

(イ)日本近代に自由民権運動以上の人民闘争は無かったが、「米騒動」をそれ以来の流れの中で捉える必要。

(ロ)プロレタリアートの形成のされ方や現実のあり方が、どう「米騒動」に内在化しているか。

(ハ)井上・松尾のいう小ブルジョワ指導の民主主義革命の可能性があったという説への疑問。

(ニ)大正デモクラシーという曖昧な概念と「米騒動」の関係。

3　一九七〇年代中期までの研究

(1) 梅田欽治「米騒動論」『現代歴史学の課題と成果』(一九七一年)

一九六八年(『歴史評論』米騒動五〇周年特集)の梅田論文に書かれていなかったことに限ろう。「米騒動」の発祥地とされてきた富山県で、「東水橋町西浜の女仲仕が七月初旬から組織的な行動をしており、口火を切ったのは自分たちだと、強調しているおばあさんたちもい」る(「赤旗　日曜版」六八年七月二八日)。アメリカ国会図書館の日本課倉庫で発見の文書で「米騒動」時の軍隊出動が一三カ所追加され、動員兵力は九万二〇〇〇に達することが判った(松尾尊兊『民本主義の潮流〈国民の歴史21〉』)。井上・渡部編『米騒動の研究』全五巻が六二年に完結してから「米騒動」の論稿が減ったが、五〇周年特集に見るようにこれからが本番であろう。長谷川博の五七年論文を復習し、『米騒動』というものを特定の闘争形態例えば街頭のうちこわし……とだけ結びつける通俗的な把握の仕方」を批判し、「米騒動の発端は富山県の漁村にはじまった」というが、それが一八年「七月の末に出るまでに一七年ぐらいから急速にストライキがふえています」。「工場におけるストライキと街頭における闘争という二つの闘争形態をとっていくことになります」と書き、豊富な実例を挙げて自由民権期以来の近代史の中に位置づけている。そして「米騒動の歴史的意義は、日本における労働者階級の本格的な階級闘争の端緒になったということでしょう。そしてそれは一九二一(大正十二）年に確立したといえるでしょう。……あらゆる階級・階層……が独自の……人民闘争を展開し、そしてそれぞれの大衆組織を確立していくことになるわけです」とまとめている。

（2）金原左門編『自由と反動の潮流〈日本民衆の歴史 7〉』三省堂（一九七五年）

日露戦後からの大正デモクラシー全体を扱っている本で、「米騒動」を生ぜしめた国内条件やその結果生まれた運動も含め、金原の巻頭論文「民衆の台頭・立憲思想と〝新しい〟民衆」、梅田欽治「生存権を主張して」、宮坂博邦「争議の時代」・天野卓郎「差別撤廃のたたかい」、中野光「教育の自由と開放を求めて」、金原左門「移り行く民衆の村と町」から成っている。金原の巻頭論文は、戦費支出二〇億円のうち一二億円までを英米からの外債に依り、講和までを米大統領の「友誼的斡旋」で無賠償に終わらざるを得なかった日露戦争が、重税・働き主義・倹約を国民に要求し、窮乏に喘ぐ民衆が戦後、抗議運動・護憲運動・反税運動などを発展させたことを示す。殊に全国主要都市を覆う市民大会呼びかけ型の都市騒擾は、「米騒動」期に都市での主要な闘争形態となるものである。梅田の稿は東京を中心に「米騒動」を概説し、天野の稿は広島県を中心に部落の「米騒動」を俯瞰し、金原「移り行く民衆の村と町」は一九二〇年以後の地方行政・農民の問題を述べる。宮坂博邦「争議の時代」については第9章2～4で引用したので繰り返さない。

第13章　六〇周年（一九七八年）からの研究

1　筆者も「米騒動」研究に加わる

（1）米騒動研究に関わるまでの筆者

「米騒動」六〇周年（一九七八年）頃からは、筆者も富山県で米騒動研究に関わることになった。

北海道通いの廻船商、北洋漁場師だった四方町（現・富山市内）の祖父三信が亡くなってからの大正中期、筆者の家族は岩瀬大町南端の（当時は畠山家の敷地内だった）谷野岩瀬病院と辻を挟む角家（住宅地図では三四四～三四八番地）、枡田酒造の向いに住んでいた。その大町の北端には宮城彦次郎家があり、私の祖母「たつ」はその末娘で、畠山家にも枡田酒造にも姉たちが嫁いでいたから、祖母は親兄弟姉妹に囲まれて暮らしていたことになる。

当時学生だった父政信が大正八年に大学を卒業し東海側に奉職したため、私たちも関東・関西を転々とすることになったが、「べいや（女中）」はいつも岩瀬・四方から来ていて、「田ノ尻屋」の娘だったり大村・釣崎などの姓だったので、家中がいつも富山弁をしゃべり、北洋漁場を経営していた宮城・畠山家から送られてくるカムチャツカ・千島の鮭や蟹の缶詰めを食べていたから、富山県といえば北洋・北海道通いを思い、「米騒動」は聞いたこともなかった。

昭和一五（一九四〇）年ころ四方に家を再建し、戦争で空襲が激しくなると関西からそこに戻って、私は神通（じんずう）中学（現・富山中部高校）に通い、勤労動員で富山空襲のさなかに不二越（ふじこし）工業（富山市清水）に通い、そこで「終戦の玉音放送」を聞いた。観念的なものを信じられなくなった敗戦期に、唯物論哲学を学ぶような意識で大学理学部に入ったので、民科（民主主義科学者協会）にも入ったところ、「米騒動」がシベリア出兵の年に富山県で始まったと言われていたのを知った。

富山湾岸の米騒動は米移出圏の積出し反対だったから、祖父や親戚が米を北海道などに運んで北海産物を持ち帰る土地柄だったことと関係があると気付き、海運との関係から米騒動の歴史を考えるようになった。したがって自然科学者として欧州に滞在していた時期にも、地中海・北海・バルト海の海運と食糧騒擾との関係、ハンザ商人が北海ニシンを運んだ故地などを訪ね歩いた。当時の見聞は本稿前半「世界の食糧騒擾」を書く際にも役立っている。

（２）聞き取り調査と研究会などを始める

一九七八年に初めて歴史論文「米騒動六〇周年と環日本海近代史の視点」を書き、富山県の『近代史研究』二号に掲載した。「環日本海近代史」と称したのは、「米騒動」がシベリア出兵開始期に富山湾岸から始まったと言われていたからである。敗戦後活発だった「米騒動」研究も五〇周年の六八年を過ぎると下火になっていたので、六〇周年を機に日本海側から再興を図ろうという気負いもあった。年金が付いたので茨城大学専任を辞め（富山大学非常勤になって）、「米騒動」世代が生き残っているうちに聞き取り調査をしようと、岩瀬大町の食糧営団（元は加賀藩の「おたや」）の前の、盛立寺へ入る路地角に住み着いた。

同時に米騒動研究の第一人者だった長谷川博氏（法政大社会学部教授）に手紙を書いて教えを乞うたところ、重病後の療養期なので代わりにと、同学部での教え子だった小宮源次郎氏（筆名辻隆）を紹介して頂いた。労働総同盟の調査部長という激務の中で埼玉県などの「米騒動」を研究していた人で、彼を通じ法政系の「米騒動」研究史を知ることができた（第11章2の〔付録2〕を参照）。

また、「環日本海米騒動研究会」を結成し、八三年五月八日に富山市内の立山荘で創立研究会を開き、新潟・石川・福井の各県からも出席を要請し、研究会を各県巡回で開き始めた。

(3)『米騒動通信』を発行

「米騒動はどうして、どんな時におこるか、なぜ北陸に多かったか」を『東岩瀬郷土史会報』九号（一九八三年八月一二日）に書く一方、『歴史学研究月報』二八六号（八三年一〇月一五日）掲載の「環日本海米騒動研究会の発足について」に見られるように、環日本海米騒動研究会編『米騒動通信』を発行し始めた（国立国会図書館でも閲覧可能）。

第一号（八四年五月八日）：創刊の趣意と創立研究会の記録。一〇月一三日に新潟市で（佐藤誠朗が近世越後の騒動を報告など）研究会を開くことを予告。米騒動文献の情報も掲載。

第二号（八四年一〇月八日）：創立研究会での阿部恒久「明治期新潟県の米騒動」の講演記録、井本三夫「米騒動の理論的諸問題と今日の食糧危機」、六月一〇日滑川文化センターで行った研究会「幕末維新期米騒動とばんどり騒動」の記録。

第三号（八五年五月二一日）：創立研究会での辻隆（小宮源次郎法政大長谷川研出身）の講演「一九一八年米騒動研究の歴史と細川史料」を掲載。

第四号（八五年一一月二一日）：八月一八、一九日に福井市で行った研究会の内容を竹永三男が「米騒動と近世一揆」と題して報告。諸県と中国（明清代）の米騒動、及び一九一八年の国際連動についての文献情報も掲載。

第五号（八六年四月二一日）：藤野豊「米騒動と被差別部落——研究史上の論点」、諸文献を掲載。

第六号（八六年一二五月二〇日）：井本三夫「実弾を与えられ、出発を待っていた富山六九連隊——富山県米騒動は『おだやかな集団運動』であったか」。片山潜・米騒動史を研究した長谷川博法政大学教授（八五年一一月二日逝去）を偲ぶ文献を収集。

2　細川らは一八年八月以降だけを蒐集、七月分は県警の偽証に依存を発見

筆者は姉が嫁いでいた魚津に子供時代からよく行ったが、米騒動史研究会を始めてからは板沢金

次郎さん・川西キヨさんや板沢さんの親戚の浜多の米屋などを訪ね回り、「魚津市の自然と文化財を守る市民の会」の会長だった高島順吾先生に大変世話になった。その熱心な会員で当時魚津高校勤務だった野崎弘の稿が筆者の手元に残っているのを見ると、当時の研究会と彼の活躍ぶりが現われており、あちこち連絡して「米騒動ゆかりの地見学会」を準備し、それを八六年七月一七日に一七名参加で実現したこと、その途上で筆者と交わした会話を記録している。野崎は、一八年七月二四日号の「北陸タイムス」に、「二〇日未明に魚津の海岸で集まって役場へ押しかけようとした」とある記事を指して疑義を呈した。魚津「米騒動」は七月二三日からとされていたからである。

それに応じ筆者が「北陸タイムス」を調べてみると、二四日号ばかりか二五日号にも、二〇日という文字が繰り返されているではないか。では何故、今まで誰もこのことを言わなかったのか。それで大原社研資料の富山県ファイル中で「北陸タイムス」がどう扱われているか、調べてみて驚いた。七月二四、二五日の「北陸タイムス」は無い。そしてこの両日ばかりか、また、「北陸タイムス」だけでなく、そもそも七月の新聞というものが大原社研米騒動資料全体を通して、全く無かったのである。

したがって細川ら大原社研グループが、少なくとも蒐集開始期には、七月の記事を集める必要がないと考えていたことになる。細川は米騒動当時、大阪に勤め、大阪の大手新聞に富山県「米騒動」記事が載り出したのは八月初旬からだったためであろう。すると細川たちが魚津の七月二三日の事件を知ったのは、集めた八月の新聞（の「高岡新報」）に富山県警察部調「哀願運動一覧表」が掲載されていたからと結論される。ところがそれでは野崎の見つけた七月二〇日の事件など、七月二三日以前の事件はすべて隠されていた。富山県が「米騒動」の火元のように謂われていたから、富山県警は自分たちの手後れと言われないよう、騒動の始日をできるだけ後らせて発表したのである。

3　細川経過表の発見と、魚津七月一八日事件の発掘

こうして改めて大原社研資料の富山県ファイルを見直すことになった筆者は、もう一つ、今まで言われていなかったものを発見した。細川は七月の資料を集めていなかったが、「高岡新報」八月九日版に、魚津の七月一八日の事件が書かれているのには気が付いており、「狼煙あがる」との見出しで「魚津にては米積み込みの為客月（先月）一八日汽船伊吹丸は寄港に際し、細民婦女の一揆が起こり」とある。短い回顧記述で、しかも「寄港」とあって「積出し」とは書いていないから積出し作業に入らなかった可能性が強く、「細民婦女」とあるから大きな事件とは思えない。しかし前触れ的な事件ではあり得るから、細川はこの七月一八日事件を冒頭においた自筆の経過表を、同資料中に二種類も遺している。表XIII－1一枚は表中の冒頭に置き、一枚は欄外冒頭にもう一つ欄を設けている。

もし彼が七月の地元資料も蒐集して、二〇日の事件や二三日晩の「寄り々々集会」（「富山日報」七月二四日号）、同二一日に米移出商の浜多与兵衛方に女房連二百名が押し寄せていたこと（谷村邦博

■表XIII－1　細川嘉六氏自筆一覧表

（法政大学大原社会問題研究所蔵、米騒動富山県の部）

240

期日	場所	参加者	事実概要
七月十八日	魚津町	細民婦女	伊吹丸寄港に際し一揆を起し騒擾狼烟を挙ぐ。
〃二十三日午前八時半頃	〃	漁婦四十六名	米の輸出を阻止する為海岸に集合、警官に制止されて退散。
〃二十七日午後八時頃	東水橋町	細民婦女三、四十名	資産家に就き哀願の目的で大気示威、署長の懇諭で退散。
〃二十八日夜	〃	細民十八、九名	三、四名宛一団となり再び哀願に出でんとしたが署長の懇諭により帰宅、未然に阻止。
八月二日午後七時頃	泊町	細民婦女	集合町役場に救助方哀願を協議したが実行

5014

形態及組織程度——指導部と参加大衆との関係

(一) 形態

一、大衆示威——七月十八日魚津町、同二十三日同町、同二十七日東岩瀬町、同二十八日同町、八月三日西水橋町、同四日生地町、同日四方町、(同日宮崎村)五日石田浜、同日魚津町、東(西)水橋町、六日滑川町、同日水橋町、同日石田浜、同日魚津町、七日魚津町、八日富山市、同日滑川町(四方町、九日東岩瀬町)九日、十日、十二、十三、十三日富山市、十六日石動町、十九日東岩瀬町、同日二十五日魚津町、同日上市町、二十七日八尾町、十月二日泊町(三日西草野村、)四日同町

二、大衆集会——(八月二日泊町、同日東水橋町、)六日(?)生地町、八日四方町、二十七日八尾町、十月三日泊町

三、代表者会合——四日泊町、十九日三日市町、十月三日泊町

「米騒動の回顧」『日本穀物検定会報』一九五六年一一月）も知っていたら、それらも経過表に入れ、魚津では一八日・二〇日・二一日・二二日晩・二三日と盛り上がってきたもので、県警察部調「哀願運動一覧表」はその二三日以前を隠蔽していると正しく指摘していたであろう。

このように一八年七月の地元資料が大原社研資料に入っていないことや、七月一八日事件を考慮した細川メモの存在を誰も指摘していなかったことは、大原社研資料に立ち戻って研究した者が富山県内にいなかったことを示している。外にも見落とされていた郷土資料が多い。富山市で七月二二日に婦女二〇〇人が市役所へ押しかけた事件（「北陸政報」七月二三日）は論じられておらず、東水橋町では七月初旬から移出停止要求に、移出米商に日参していたという証言も、隠蔽されていた。

4　北日本新聞社『証言　米騒動』の三大害悪の発見

このように魚津の第一波は、七月一八日・二〇日・二一日・二二日晩・二三日と盛り上がってきていたもので、県警察部調「哀願運動一覧表」はその二三日以前を隠していたのだと判ったので、地元で最初に出された単行本の『証言　米騒動』（北日本新聞社編刊、一九七四年）を調べてみて驚いた。以下のような念の入った三大罪悪を犯していたのである。

（1）富山県警察部調「哀願運動一覧表」に合わせて地元資料・証言を大量改竄・歪曲

「北陸タイムス」七月二四日号に掲載の魚津記事を一一三頁に転載しているが、その中に七月二〇日とあるのを二三日と書き変え、その二行あとの「……解散せしめた」から六行を欠落させている。一六頁に二五日の号の記事を載せる際にも、冒頭にある七月二〇日の記述を削り、二三日晩の記述だけを残している。八四頁では（元・富山食糧所長）谷村邦博の前掲「米騒動の回顧」を一頁半にわたり転載しているが、冒頭の「七月二一日……米穀移出商、浜多与兵衛方に……女房連約二百名」が押し寄せたとある部分を落とし、二三日の事件かのように見せている。二一日についての浜多ひでの回想談も、一五頁の二三日事件についての文章中へ入れて、二三日についての回想かのように装っている。つまり七月二〇日未明・二一日に魚津で事件があったことを、地元資料が述べているのを徹底して消し、二三日に始まったように改竄して、富山県警察部調「哀願運動一覧表」に一致させているのである。

一二頁末尾に「富山日報」七月二四日号の「二十二日夜より寄り々々集会を」とあったのを、ただの「集会を」だけに削っているのも、県警の「哀願運動一覧表」が「漁師の女房三、四名が共同井戸端に於いて」、「談合し居りたるを探知し居りたるを果たして」と警察側の手柄話に替えたのに合わせているのである。

（2）東水橋の七月初めからの動きを無視・歪曲

この本の「あとがき」には太田久夫『富山県米騒動日誌』が最も役立ったとあり、その巻末に挙げられた文献も写しているが、東水橋の騒動者たちが七月初めから移出停止要求を繰り返していたと回想する座談会（『赤旗　日曜版』一九六八年七月二八日）・「坐りこむ富山の女たち」（『労働・農民運動』同年八月）だけは削って隠している。

また五六頁では、瀧川弥左衛門が東水橋の高松商店の事件を七月下旬だと言うのに対し、「確証はない」と記者の権限を超えた歪曲を行っている。そして中央紙の記者が東水橋にあった郵便局へ電報を打ちに来たのも七月下旬だと瀧川が言い、記者の名まであげているのに（拙著『水橋町〈富山県〉の米騒動』九〇頁参照）、瀧川が「八月五日ごろ」で「内容は忘れた」と言ったと偽っている。また高松の店に抗議の町民が押し寄せる日が何日も続いたと、瀧川のみならずその世代の人々が一致して証言（同拙著、第二・第三章）しているのに、高橋きみの「八月四日一晩だけ」だったとの主張を、彼女の作文「水橋町の米騒動について」（富山県立図書館蔵）と似た文章で掲載している。

つまりこの本は、一九二二年八月一二日の「北陸タイムス」の記事以来蓄積されてきた、東水橋での早期勃発を示す地元資料を極力無視しているのである。

(3)『富山県警察史』の女性蔑視、でたらめ解説を鵜呑み

二七八頁に、明治の米騒動は「殆ど女のみで行われる慣例になっていた。女たちの運動はもっぱら哀願の形式をとり、中には土下座をし、あるいはひざまずいて取りすがり、これを執拗に行うも

ので、なぜ男たちが加わらないかという理由は、……〝男がどうしてそんなまねができる。みっともない〟ということのようであった」と書くが、日清戦争前は高岡・伏木はじめ小矢部川・内陸の町の男中心の打毀し・強請的なものが多く、女性中心になるのは街頭型米騒動が富山湾東岸の漁民地帯だけに収縮する、日清戦以後の終末期だけのことである。それを明治全体のことかのように書くのは『富山県警察史』（一九六五年）のでたらめ解説の丸写しをしているのである。『富山県警察史』は「今回の米騒動も、本県の場合は明治以来の習慣をそのまま行ったもので、……土下座して哀願する姿も見られた」と書くが、「土下座」、「哀願」などという語は原資料には見出せない。このような女性・庶民蔑視の記述は、旧士族出身の多かった警察の上司たちを悦に入らすように書いた、警察文書に特色的なものである。

このように北日本新聞社刊『証言　米騒動』は、(1)魚津関係の地元資料を隠蔽する大量改竄、(2)東水橋資料の無視・歪曲、(3)『富山県警察史』の女性蔑視のでたらめ解説の鵜呑み、の三大害悪を備え、富山県の「米騒動」史を混乱させた元凶の一つである。序文に「取材、執筆に当たったのは社会・運動部長の田村昌夫記者である」と書かれているから、これら罪悪の責任は社会・運動部長なる幹部にあるものである。

第14章　七〇周年（一九八八年）期から二〇〇〇年代へ

『歴史評論』米騒動七〇周年特集号（八八年七月）巻頭の拙稿は米騒動の基本的性格として、「米騒動と賃上げの原理的併発性」と、東アジア近代では「反封建・民主的変革の契機として」「反帝・反植民地化の民族運動の狼火として働く」ことを指摘し、日本近代米騒動と朝鮮・中国・東南アジアとの関係を記述している。また前述の長谷川博（第11章4）・梅田欽治（第12章2・3）の指摘に準じて、第一次大戦末「米騒動」期を一九一七年六月から二〇年春の物価崩落までと定義している。

これらは今日の見解に近いが、まだ以下の点で正確性に欠けていた。

(イ)「米騒動と賃上げの原理的併発性」ではなく、次のように定式化されねばならない：日本では「上からの近代化」のため米騒動も、移植された産業革命・諸制度が生み出した労働者の〈賃上げ・消費者運動〉が主導し、〈米移出地帯と歴史的地域（被差別部落など）に近世類似の街頭騒擾〉が残っていた。

(ロ)「積みだし型米騒動の先駆性・国際性」と書いていたが、「先駆性」は落とさねばならない。「積みだし型」は目立ち易いが、移出地帯なので米に余裕があって始まりが遅いからである。

1　魚津に七月一八日の記念標柱が立ち、紙谷信雄の非行が始まる

筆者が「北日本新聞」（八七年七月一八、二一、二三日）の「米騒動考」や『歴史評論』八八年七月号の米騒動史研究会北陸支部の稿で、魚津「米騒動」は七月一八日に始まり二〇日・二一日・二三日晩・二三日と連続した過程だったと指摘し、「魚津市の自然と文化財を守る市民の会」が「七月一八日」の文字の入った記念標柱を大町海岸に建てたのは七〇周年の八八年夏である。写真は拙著『米騒動という大正デモクラシーの市民戦線――始まりは富山県でなかった』（以下では二〇一八年拙著と略）の三一二頁で見られる。

（1）紙谷信雄が、筆者と「魚津市の自然と文化財を守る市民の会」を嘲るチラシを撒く

魚津の紙谷信雄の非行が始まったのは、この直後からである。紙谷には前章1（2）に記した研究会発足の当初から毎回誘っていたが、一度も参加することがなかった。ところが標柱の立った八月、その紙谷が筆者と「魚津市の自然と文化財を守る市民の会」を攻撃・嘲笑する、「『魚津は七月一八日』説を疑う」と題するチラシ（以下では「疑う」稿と略）を市井に撒き始めた。筆者には送らない闇討ちのようなものだったのは、自分が県警の隠蔽文書に騙されて「魚津は七月二三日から」と唱えてきて、二〇日・二一日・二三日晩と事件があったのを示す資料が地元にあるのを知らな

かったのを隠すためであろう。それで「一八日」報道だけを取り出しその短さを問題にし、「常に新聞が正しいとされる井本氏」、「ではその『七月一八日』の騒動はどんな騒動であったのか、もっと具体的に示される必要があるだろう」と嘲るのであるが、後述のように、その彼自身が一八日寄港を示す公共資料を独占隠匿していたのである。

紙谷はまた、「七月一八日」は「細川嘉六も、各大学などの研究者も、その他県内の研究者も、今までいろいろ検討して疑わしいとした日である」とか、魚津は「多分」雨で米を濡らすような積み出しに船が寄るはずがない、「井本三夫氏はまことにご都合の悪い日を取り上げていられることになる」と嘲る。「雨天」というのも後述の気象台記録で否定されるが、まず「細川嘉六も、各大学などの研究者も……」という偽りを見ておこう。

細川が「七月一八日」事件を「疑わしいとした」ことなどなく、七月一八日事件を冒頭に置いた自筆の時系列経過表を大原社研資料中に二つも置いていることは前章3で見たとおりである。「県内の研究者も、今までいろいろ検討し」たなどというのも、その例を一つも挙げることができないことで明らかなように、全くの作り話である。また、大学の研究者で「一八日」に関して発言しているのは、井上・渡部編『米騒動の研究』の富山県部分を執筆した後藤靖が、「伊吹丸」は二三日に魚津で「北海道への米積出しを行っているので」一八日までの「わずか五日間での往復は不可能と思われるから、恐らく誤報であろう」と書いているのが唯一の例であるが、これも一八日に北海道へ向かっていたということ自身が間違いで、逆に北海道から来たばかりだったことは、紙谷自身が知っていたのである。紙谷は「魚津　米騒動」（『月刊歴史教育』一九八〇年一二月）に、「伊吹丸」が「伏木港より出て二二日午後五時四〇分滑川港に停泊し、……二三日午前三時魚津港に向かった」と書いている。富山湾の行き止まりの伏木港に二二日午前までに来ていた以上、二一、二〇日頃までに着いていなければならず、したがって一九、一八日頃はその伏木に向かって富山湾を横切っていたことになり、一八日に魚津に寄港したという「高岡新報」八月九日の記事と一致する。但し紙谷がそれに用いた史料名を挙げていなかったので、筆者は以前彼に直接電話して史料名を聞いたことがあるが、彼は答えず、「確かな史料ですよ」と優越感に浸っているように言っただけである。

（2）紙谷の史資料独占癖

紙谷が史料を「これだけ溜まった」と手で高さを示す所作をして悦に入りながら、人には見せないのは有名で、公共のため複写を頼みに行っても応じないと、魚津図書館に以前勤めていた女性が嘆くのを、筆者は直接聞かされたことがある。しかも、今の場合、貸してくれとか見せてくれというのでさえなく、史料名を言えというだけであるが、それが言えない理由があったようである。

彼が米騒動部分を執筆分担した『滑川市史』の編集は当時すでに済んでいたが、その編纂室は滑川市文化センターに残っていて、筆者はよく史料を見せてもらいに通ったが、編集長の金子忠雄氏がこう言ってくれたことがある。「滑川の藤田回漕店の『輸出目録』を見られるといいんですがね。『輸入目録』は魚肥なんか積んで来る方だが、『輸出目録』の方は米を積み出しに来た船の入出日時や出荷記録で、米騒動の研究に役立ちそうなことが書いてある。だれど、それが見当たらない。『輸入目録』しかない。紙谷さんしか使わんものながで、紙谷さんに訊いてみたが知らん言われる」。筆者は資料室にも入って見せてもらっていたので、キャビネット中の文書を再度細かく調べたが、『輸入目録』はあるのに『輸出目録』はなく、後で問題になる回漕店主藤田栄一氏の日誌らしい物も見当たらなかった。二年ほど後にも行き、再び資料室を見せてもらったが、やはり戻っていなかった。

ところが紙谷が筆者を嘲る稿を見ると、藤田回漕店のその『輸出目録』が盛んに引用されており、それで作った滑川への入出表などを誇示し、それと対比することで「もっと資料を挙げて具体的に示される必要があるだろう。これでは『魚津は七月一八日から』と主張するには、根拠不足であるとしか言いようがない」と筆者を嘲けるのである。行方不明の公共資料を紙谷だけが引用できる奥義を教えて欲しいものである。

(3)「一部会員」と越中史壇会名を僭称

そして二カ月後に今度は、同内容の怪記事が『富山新聞』に現れた。井本説は「信用性薄い」と越中史壇会が言っている、という見出しで、当時の高瀬重雄会長の名まで上げてあるが、細かく読んでみると「一部会員たち」が言っていると逃げている卑怯なもので、内容も同様に狡猾な問題のすり替えである。二〇日・二一日の事件、二二日晩の「寄り々々集会」と地元紙の記事が発見された新しい条件のもとで、改めて一八日事件の記事を見直すことになったのに、その新条件には触れないように隠して、一八日記事の短さだけを取り出して不信をかき立てているのである。昭和六三年一〇月六日号の『富山新聞』を直接見て頂ければ一目瞭然である。

(4) 気象台記録が「一八日寄港」を説明

紙谷の「疑う」稿は「魚津の記録は現在見つかっていないが、『雨』であることは確実であると思われる」と書き、『富山新聞』の怪記事でもそれを繰り返しているので、筆者は富山地方気象台へ行って調べてみた。当時伏木にあった測候所が県内各地の公共機関(学校・警察)に依頼して、毎朝一〇時(または九時)に記録させて送らせていた気象データが、表XIV－1のように今日も富山気象台に遺されている。

降雨欄は魚津でも滑川でも、一八日の午前一〇時以後の二四時間に数ミリ以下の降雨量しかない。普通の雨(一時間数ミリ)が一時間降れば残りの二三時間は降る雨がなく、魚津でも滑川でも米を濡らさずに積み出せる時間帯が有り余るほど、晴れていたことが判る。これは八八年夏に魚津市立図書館の鈴木保子が、測候所に電話したのを(新興出版社社長林章を通じて)聞いた回答とも一致する。他方、西の方は異なっていて一八日午前一〇時までは大門・伏木・石動はみな大雨で、伏木では一〇時以後もそれが続いていた。このように魚津ではもう晴れ上がっているのに、伏木ではまだ雨だったから伊吹丸は、魚津で先に積もうとしたのであろう(しかし騒がれたので戻りに積めばよいと去り、結局二三日に積むことになったのだが、その期間一続きの興奮状態にあったのが二〇日・二一日・二二

■XIV－１　富山県内1918年７月16日朝～20日朝の気象変化

観測量／時間／観測地	降雨量（mm）				風向きと風力			
	16日朝10時～17日朝10時	17日朝10時～18日朝10時	18日朝10時～19日朝10時	19日朝10時～20日朝10時	16日朝10時	17日朝10時	18日朝10時	註
生　地	50.0	25.0			N1	N2	S3	
魚　津	46.2	8.0	6.9		0	NE2	SW2	
滑　川		48.5	4.8	2.8	N3	N3	0	
五百石	29.5	4.8	5.8		0	0	0	
福　寄	51.3	4.6	4.5	0.0				
古川（神通川西岸）	50.0	2.0	2.0		E1	E2	E1	四方での測定
小　杉	20.0	20.0						
大　門	24.5	70.0	2.0	0.2				
伏　木	0.1	36.5	22.2		EN2	N2	N2	四方での測定
石　動		43.0						
福　野	68.0	1.8	4.8					
城　端	59.0	2.5						
利　賀	24.2	6.5						

（註）全体としての降雨量が減るに従って空欄が増すことでも判るように、空欄は報告の必要度または数量化の必要度を感じなくなっている意味で数値でのゼロに近い場合が多い。

日晩の騒ぎであろう）。このように気象台記録は一八日に魚津に寄港という「高岡新報」の記事を、科学的正確さで裏付けるものである。

(5) 一七日直江津入港（藤田日記）が一八日の魚津寄港を保証

紙谷は二〇〇四年に『米騒動の理論的研究』（柿丸舎）と称する自費出版物（紙谷『研究』と略）を出し、それに「再び『魚津は七月一八日から』説の誤りについて」なる稿を入れている（「再び」稿と略）。これには筆者が伊吹丸の七月一八日前後の航路日程を証明するため二〇年間も探していた文書が、表XIV−2のようにほんの一部分であ

■XIV－２　前掲、紙谷『研究』246頁より転載

大正７年７月17日	晴	（略）喜平ハ第２二上山丸、伊吹丸へ積荷打合セノ為め午后１時10分列車にて直江津にユキタリ
〃　７月18日	雨	（店主藤田栄一は午前７時20分列車で上市へ）喜平は午後11時40分列車にて直江津より帰宅
〃　７月19日	雨晴	（第２二上山丸午後５時20分伏木より入港、米79石６斗と叺等を積荷し碇泊。晩餐供応す）
〃　７月20日	晴天	（第２二上山丸は午前９時水橋へ。さらに午後５時30分小樽へ向け出港）
〃　７月21日	晴天	（汽船の入出港なし）
〃　７月22日	晴天	（伊吹丸は午後５時40分伏木より寄港、米694石８斗と雑貨を積荷し碇泊。晩餐供応す）
〃　７月23日	晴天	（船長、事務長は午前３時船に帰るのを見送る、伊吹丸まもなく出港）

るが転載されており、「一九九四年一二月にさらに藤田資料を見せて頂くことにより、次のような事実が明らかになった」と、わざと文意不明に書かれ、「さらに藤田資料を」とだけあって、それが何という資料か明かされていない（『研究』の巻末の参考文献にも、「藤田栄一資料『輸出目録』など多数」とぼかしてある）。また、「見せて頂く」とあるが、どこで見せて頂いたのか、どこに所蔵されているのかも書かれていない。

それで筆者は滑川市の藤田家へ伺い、この紙谷の本の「一九九四年一二月にさらに藤田資料を見せて頂くことにより」と書いてある個所を見せ、訊いてみた。すると「この年まで主人が居たのではっきり覚えておりますが、この時期にそういう資料を出したことも、そのために何方かが来られた

ことも全くありません」との答えであった。

すると他の藤田家資料と同様、以前から滑川市史編纂室に寄贈されていたものということになる。その資料室を何度も見せてもらったにもかかわらず、『輸出目録』と同様、見ることのできなかったものである。転載されているのを見ると日記体のものである。

ここで思い出すのは、一九九九年にKNB（北日本放送）がテレビ番組で『鍋割（なべわり）月の女たち――米騒動から80年」を放送した際のことである。筆者と別の回に登場した紙谷は、白表紙の資料を画面一杯に積みあげて史料蓄積を誇示し、その頂上正面に彼の『滑川町における民本主義の展開』（『滑川市史』での分担稿を別に自費出版したもの）を飾っている。そして藤田回漕店「藤田栄一さんの日記」なるものが何度も大写しにされたので、撮影現場にいたKNBの者に聞いてみると、「紙谷さんがお持ちだったものです」とのことだった。「再び」稿で引用している日記体の文章も「藤田資料」とあるから、この「藤田栄一さんの日記」だったのであろう。その「七月二二日」の項は、筆者が史料名・所在を聞いて答えてもらえなかった、つまり紙谷が長年にわたり筆者や他の者が見ることのできない状態に置いてきた、彼の言うあの「確かな史料」なのである。

そしてこの日記には、北海道からの伊吹丸が一七日には直江津に来ていて、番頭の喜平が「積荷打合セノ為め午後一時」過ぎに出かけたとある。前述のように伊吹丸が、二〇日前後に伏木にいたことと考え合わせると、一七日に直江津にいた伊吹丸は西に向かわねばならず、一八日頃には魚津付近にいなければならない。つまり魚津に「一八日汽船伊吹丸は寄港……」との「高岡新報」記事とぴったり一致するのである。ところが紙谷は、逆に伊吹丸が一八日には魚津に来ていない証拠だと言い張る。喜平が滑川の店へ帰ったのが一八日の午前中でなく夜「一一時四〇分」と書いてあるから、一八日の晩は伊吹丸乗組員と直江津で「懇親会」だったろう、と言うのである。しかし一七日に直江津に入港した伊吹丸乗組員と午後~夕方に打ち合わせを済ました喜平が、懇親会をその晩にせずに一八日の晩まで延ばすと想像するのは奇妙な話である。この日誌の一九日の「第2二上丸午後五時二〇分伏木より入港」の項でも、また二二日に伊吹丸が伏木から滑川へ夕方入港したとある項でも、着いたその夜に「晩餐供応」とあって、次の日に出港してしまっている。一七日の伊吹丸に限って、喜平が歓迎・慰労をわざわざ次の晩まで待たせる理由がどこにあるのか。一七日晩に「晩餐供応」を済ました喜平が一八日の晩まで、直江津でする用事はいくらでも有り得る。すでに電信・電話で回漕業をやっている時代に、番頭の喜平がわざわざ直江津へ来たことからして他にも用が有ったからで、彼が晩く帰ったからといって伊吹丸まで出発を後らせる理由は全くない。紙谷のこのこじつけは敗北宣言に等しい。

一八日朝に直江津を出た伊吹丸は、気象台記録で見たように伏木がまだ雨で魚津が晴れていたから魚津で先に積もうとしたのである。こうして全てが『高岡新報』の記事にぴったり一致している。魚津「七月一八日事件」の存在はすでに完全に論証されたと言い得る。

2　行き詰まった紙谷が偽証「資料」を広める

（1）筆者の許可を得たと偽って、教育委員会名で偽証「資料」を広める

以上のように紙谷の非行は全く破綻しているが、郷土史家の少ない状況下で彼は教育委員会に入り、七〇周年の八八年に建てられた「七月一八日」の字が入った標を廃棄して、「七月二三日」の字と「米騒動発祥の地」なる銘文が入った標に立て替えた。そして拙稿を無断転載して筆者に不利な仕方で使いながら、「資料を提供していただいた」と偽る偽〝資料集〟を教育委員会の名で作り、『魚津の米騒動　資料集』と称して頒布し始めた。筆者はその稿を提供したことも掲載を許可したこともないので、魚津市教育委員会へ紙谷に謝罪状を書かせてくれるよう要求している（前掲二〇一八年拙著三一八頁参照）。

（2）日本自費出版ネットワークへの公開書簡と、同会からの陳謝回答

紙谷はまた前記『研究』を、日本自費出版ネットワークの出版文化賞に応募したところ、富山県「米騒動」が有名なので一旦は受賞はしたが、米騒動史研究者の全国グループが公開批判を行ったので、同ネットワーク代表理事中山千夏が書面をもって、米騒動史研究者全国グループに陳謝してきた。同会審査委員長だった色川大吉からも、二〇〇六年一一月二七日付で、同じ意を込めて年度替

わりを待って辞任する旨の回答があり、公開書簡は紙谷にも写しを送ったとあった（前掲二〇一八年拙著の三二九〜三三五頁に詳述）。

3　魚津は米騒動は小さかったが新聞支局が集って記事が多かったので県警が利用しただけ

（1）露呈して追従者に交替

二〇〇六年一〇月にＮＨＫテレビ『その時歴史が動いた』のシリーズが米騒動を扱ったあと、「水橋ばかりで魚津の名が全く出なかった」との電話・メールが、魚津市役所に殺到したというが、偽証宣伝に教育委員会名まで使って市民を欺いた当然のむくいであろう。色川たちからの通告もあって紙谷は世間に出にくくなったのか、魚津市教育委員会で紙谷の偽証集作りを手伝ったという麻柄一志なる者が、「フォーラム　米騒動」を催すことになったらしいが、「実際に水橋が早かった可能性もある。何をもって発祥の日とするかはむずかしい」（〇七年四月一五日の「フォーラム　米騒動」『実業之富山』同年六月）と言いながら、その直後に「魚津は米騒動の発祥地として自信をもってい い」などと、市民を煽る。このように矛盾したことを平気で言えるのは、史実などどうでもよい資質的追従者らしい。

「フォーラム」が本にされたものを見ると、巻頭の麻柄の稿が掲げている写真は、紙谷が野崎・筆者の発見を剽窃し、筆者を貶めながら筆者が協力と偽る、あの教育委員会名の偽証「資料集」である。そして「井本先生が書かれた記事を読んで『ええーっ』と思った」、「何回読んでも……判りません」、「素朴な方だ」などと嘲って見せ、筆者が言わないことまで言ったことにしながら、反論の機会を与えないよう会の案内を筆者には決して送らない。自ら逃げ回る、学問・研究とは無縁の存在である。

「大成勝代」なるすさまじい筆名で、紙谷の偽証を絵入りのお話し本にし、「魚津の女たちのおかげで、日本の国が良くなったんだよ」とインターネットで宣伝する奥野とかいう女性は、巻末の米騒動書リストから筆者の論著だけをすべて落とし、共著の『いま、よみがえる米騒動――特高資料発見』にも筆者の名が入らぬよう工夫したお蔭で、『魚津フォーラム　米騒動を知る』（桂書房、二〇一三年）の編集長の名を頂いているが、そのインターネット宣伝を見ると歴史家井上清と作家の井上靖の区別がつかないレベルの人らしい。

魚津の特定日を全国的な意味での「米騒動の発祥の日」と称する以上、全国的な広範な比較と、学問的な検証が必要であるが、それが皆無なまま魚津市はそれを映画にまでした。広範に自治体関係の名を借りるため内容を骨抜きにし、魚津の米騒動は全国と異なって穏やかだったなどと生活風景ばかり映す、間抜け宣伝である。紙谷・麻柄の非行に操られて市名を穢すばかりであることに、市上層は気付くべきである。

（2）県警が利用

北陸街道は岩瀬から湾岸沿いになるが、参勤交代の行列が金を落として往復するなどで、その街道沿いは経済的に発展したので、海岸沿いの漁師たちは街並みで農村部と何代も前から隔てられ、（半農半漁ができない）米価に弱い「都市漁民」になってしまっていた。魚津は越後境を守る中世来の城下町で県東半最大の都市だったが、漁民戸数は限られており、一九一八（大正七）年に滑川が二二五戸で魚津（八〇戸）の三倍もあり、東水橋も九四戸で西水橋の四五戸と加えれば、やはり魚津の倍近い。漁民人口の差が騒動規模に現れ、滑川では婦女三〇〇・男子一〇〇〇人、東水橋も滑川署へ一里歩いて押し寄せただけでも二〇〇人とあるのに、魚津では一〇〇名を超えることがなかった。

漁民の米騒動が女性中心なのは、男が夜中から沖に出て昼は寝ており（夏は北洋出稼ぎで）、女が陸（おか）の一切をとり仕切っているためだが、河口港で北前船時代から帆船が入っていた東水橋や、海が深くて汽船が岸に近付ける滑川・石田では女性が陸仲仕をしており、その集団性・組織性で大きな効果を発揮した。それに比べて後背地が狭くて米肥の移出入量が多くない魚津では、男が仲仕の「株」（ギルド加入権）を握り「支那事変」出征で男手が無くなるまで、女性に仲仕をさせなかった（板沢金次郎談、『富山新聞』昭和五三年八月二六日）。魚津の米騒動が東水橋のように早く始まらず、滑川ほど大きくもならなかったのは、このように漁民人口が少なく女仲仕集団もいなかったためである。

ところが魚津は県東部最大の都市で（「高岡新報」以外の）県内紙がみな記者を常駐させていたの

で、東水橋や滑川は報道の盲点になって県内紙で報じられることが稀なのに、魚津は何度も記事にされた。そのため県警察部は新聞記事の多い魚津に積出し阻止が生じた七月二三日だけを認め、それ以前の全ての事件を隠蔽したのである。

（3）紙谷・麻柄に利用されて市名を穢す

日本の一九一八年の死亡者数は、前年の一一〇万から一挙に一四九万人へ激増し、殊に一歳未満の乳幼児の死亡が多かったのは（梅田欽治「『生存権』を主張して」金原左門編『自由と反動の潮流』一五二頁）、母体である主婦の栄養状態が殊に悪化していたからで、第二次大戦末の食糧不足期もそうだったが、家計をあずかる主婦たちが、働きに行く夫や弁当を持って行く児童の分を優先したからだった。「米騒動」はこのような庶民の生活難から起こったものであり、滑川や東水橋より「米騒動」の小さかった魚津がこのようなことを自慢するのは、他に自慢の種が無い裏日本コンプレックス以外の何であろう。紙谷・麻柄に利用されて市名を穢していることに、もう気付くべき時である。

4　研究進歩の一方で、金澤敏子の「細川嘉六ふるさと研究会」など便乗派も

この間には、「米騒動」期に関連して好個の論集も出されている。

例えば藤原彰他編『日本近代史の虚像と実像　2――韓国併合～昭和の恐慌』（大月書店、一九九〇

年）には、次の研究がまとめられている。

布川　弘：米騒動で鈴木商店が焼き打ちされたのはスケープゴートだったのか

金原左門：最初の平民宰相原敬の功罪

今井清一：「不逞鮮人・馬賊・露過激派の来襲」とは何だったのか——暉春事件と間島事件

米田佐代子：女性解放論争の核心

山田昭次：関東大震災のもとでなぜ朝鮮人・中国人虐殺事件が起ったのか

また、ねず・まさし『現代史の断面・日本のファシズム』（校倉書房、一九九一年）の「第一章米よこせ運動」では、「米騒動」以後植民地米依存を深めた日本の食糧問題の道程を学べるし、金沢経済大学人間科学研究所『Telos』（一九九八年三月）の、コリン・スロス「〝モーラル・エコノミー論争〟と英国食糧騒擾史の紹介」、向江強の拙著『北前の記憶』の書評（『大阪民衆史研究』一九九九年九月）も有用な貢献であった。

ところがその一方で、郷土主義への迎合や便乗派も登場している（前掲、二〇一八年拙著の三三七〜四三頁）。後者については同三四四〜五〇頁に記した。いずれもが魚津以東の富山県下新川郡に限られている点で、この「親不知（おやしらず）の関」近い地域の後進性が覗われる。

筆者は、その金澤敏子が向井嘉之を遣い細川関係の資料について聞きに来させたとき、「米騒動」が富山県から始まったというのは誤認だ、今更その立場でやっても「うだつが上がらない」と忠告しておいた。それを金澤に伝えたが止まりませんでしたとの、向井の返事が筆者の手元に残っており、『米騒動とジャーナリズム――大正の米騒動から百年』なる本は出たが、うだつの上がらなさを経験せざるを得なかったらしい。明治前期の米騒動が「富山県と新潟県だけ」である理由を米移出のためとしているが、他で起こらない理由が判らない、米価騰貴は全国的なのに米騒動はなぜ「零細な漁民がその中心」なのかと泥を吐く。そして「最も疑問に思ったのはローカル紙に多い中で他県の騒動記事を見出すのが困難であったことである」（二〇二頁末）と気付く。

原因は、本稿第8章1、2に記したように、維新という急な「上からの近代化」のため、幕藩制期米騒動の街頭型が廃藩・地租改正で全国一斉に消え、地方の米移出地帯と被差別部落のような歴史性の強い地域に残るだけになり、移植された産業革命の生んだ労働者階級の主導する近代型（賃上げ型米騒動と居住区消費者運動）が東海側や北九州を中心に急成長していた。ところがそれに頭がついて行かず、大戦末「米騒動」でも、一九一七年六月から工坑地帯・大都市圏で始まっていたにもかかわらず、米産地で余裕がある富山県での一年も後れた積み出し反対の街頭型を、「米騒動」の始まりと誤っていた。このように近世類似の街頭型だけしか見ていないのがジャーナリズムで、それを今だに大げさに繰り返しているのが金澤なので、当然問題にぶつかったのである。そして野心が先に立って基礎勉強が後回しだから相変わらず間違いが多い。前掲二〇一八年拙著の三四六〜五〇頁に集めておいた。

また米騒動とジャーナリズムというテーマは、繰り返されてきた古いテーマだから、先行業績を紹介した上で、新たな部分だけ加えるのが研究者であるのに、全てが自分の新発見かのように、各期新聞の生記事を写真・活字コピーと表にしたもので三重に同内容のものを入れているから、本一杯に盛り上った煩わしいばかりの水増し本である。

二〇二〇年三月二七日の新聞記事で金澤は、細川嘉六の回想談・書簡集などの新資料が小宮山量平（理論社の創業者）の資料館で見つかったと言っているが、それを金澤たちがまとめた本は、（第一次大戦末「米騒動」が富山県から始まったという間違いを繰り返しているほかに）書名、編集の仕方がおかしい。細川の回想談・書簡集の発見が呼びものであるのに、その浄書済みの回想談を掲載する第一章「わが故郷」は「金澤敏子（編）」とだけ書かれ、浄書済みでない回想談と手紙をたくさん引用する第二章「道を求めて」も「向井嘉之」とだけ書かれて、細川の回想談・書簡集の編集であることがタイトルにも目次にも出ていない。そして書名も『評伝 細川嘉六』となっていて、細川の未公開だった回想談・書簡集であることは隠れてしまっている。これでは目的が金澤らの自己宣伝の方にあるとしか思えない。

第15章　大戦末「米騒動」の原因・勃発構造の認識へ

1　『図説　米騒動と民主主義の発展』執筆過程で一七年からの始まりに気付く

筆者は、前章で見たように「米騒動」七〇周年（一九八八年）期から、富山県内の誤りの批判に時間をとられていたが、二〇〇〇年期の初めに歴史教育者協議会（歴教協）からの依頼で、『図説米騒動と民主主義の発展』（民衆社、二〇〇四年。以下『図説 米騒動〜』と略）なる大部の書の、監修のみならず全頁数の四〇％の執筆に三年間をかけざるを得なかった。しかし教育上、近世・近代を貫く広範な視野で日本の米騒動を見て、世界史の中に位置づけなければならなかったことは、研究に大変役立った。

表XV－1で「米価にもとづく実質賃金」が一九一七年六月から急減しているのを知る一方、ストライキ統計を表XV－2で知った。それで一七年六月から調べてみたところ、一八年八月以前に暴動化しているものが八件（福岡県の炭鉱、京浜の造船所、播磨造船所食堂暴動、北九州の中鶴炭坑暴動など）

■表XV－1　米価にもとづく実質賃金指数

（大正3年6月＝100）

年	月	金属	土建	日傭(男)	総平均
大正3 (1914)	3月	91	90	86	91
	6月	100	100	100	100
	9月	108	106	100	107
	12月	134	133	128	134
大正4 (1915)	3月	106	114	107	116
	6月	115	125	117	129
	9月	132	141	132	144
	12月	115	121	111	125
大正5 (1916)	3月	124	128	125	136
	6月	122	127	123	135
	9月	120	127	117	132
	12月	101	110	99	110
大正6 (1917)	3月	109	110	108	117
	6月	95	91	94	98
	9月	101	93	99	98
	12月	96	88	90	92
大正7 (1918)	3月	94	88	86	91
	6月	92	89	86	89
	9月	77	73	77	74
	12月	76	73	75	73
大正8 (1919)	3月	81	83	87	81
	6月	83	78	82	78
	9月	78	77	83	76
	12月	88	81	89	80
大正9 (1920)	3月	91	91	96	89
	6月	113	113	119	108
	9月	133	130	129	125
	12月	188	190	189	185

＊金属：金属・機械器具業　土建：土木建築業
日傭（男）：日傭労働者男
（明治33年乃至昭和4年『賃金統計表』（商工大臣官房統計課）、深川正米相場表により算出）

もあって、「米騒動はシベリア出兵開始期の一八年八月に最も激化するが、始まったのは一七年初夏からで、一八年七月の富山県ではない」と書きたくなった。しかし『図説 米騒動～』は高校教員・生徒の参考書でもあるので、混乱を招いてはと遠慮し、「すでに一七年初夏以来、米騒動・民主運動期の前段階と言えるものが始まっていた」と、その七二～七七頁に書くに留めた。

そしてストライキ統計の表XV－2が米価によるものであることを、もっと明確に示すにはどうす

■表XV－2　大正4～9年間月別労働争議発生状況

年次	大正4		大正5		大正6		大正7		大正8		大正9	
月	件数	人員	件数	人員	件数	人員	件数	人員	件数	人員	件数	人員
1	3	372	10	644	10	1520	19	802	15	1935	32	3160
2	5	632	11	945	14	1603	25	10889	19	2637	43	5062
3	5	295	6	677	13	2786	39	3857	15	1118	47	5584
4	12	1154	5	324	16	1541	28	2694	15	728	27	6226
5	7	781	6	181	13	1083	29	4065	16	2335	19	3539
6	4	139	12	946	38	11809	25	2325	44	3238	14	1590
7	8	1967	11	626	76	16600	42	2529	106	16889	25	1582
8	8	1488	13	1826	82	9068	108	6458	115	12487	25	5696
9	6	455	11	769	56	5049	47	8478	38	6152	19	1013
10	1	120	5	270	38	3813	34	3017	38	7716	12	771
11	2	137	13	927	20	1436	12	852	46	6294	15	1856
12	3	312	5	278	22	2001	9	491	30	1608	4	292
計	64	7852	108	8413	398	57309	417	66457	497	63137	282	36371

（労働省大臣官房労働統計調査部『統計からみたわが国の労働争議』昭和26年による）

ればいいのか考えていたが、『水橋町（富山県）の米騒動』[1]や『蟹工船から見た日本近代史』[2]を出版するのが先になり、その答えに気付いたのは「米騒動」一〇〇周年が近づく二〇一五年になってからであった。

表XV－1「米価にもとづく実質賃金指数」の右端に総平均とあるのは、賃金上昇率の総平均を米価上昇率で割ったものだから、その逆数は米価上昇率を賃金上昇率で割ったものであり、その開戦直前の大正三一九一四）年六月の価を1にとれば、（大戦期の）賃金に対する実質米価上昇率になる。それをグラフにすると、第1部の第7章の図VII－2に示したものになった。

これを見ると、一七年の端境期から急騰して二〇年春に至る長大な隆起の上に、シベリア戦争開始期一八年後半だけのピークを上乗せした、二階建てになっている。他方、表XV－2をグラフにすると、やはり第1部の第7章で見たストライキ統計の図Ⅶ－3に成った。両図を対比すると、争議の季節変動以外よく一致している。したがって大戦末「米騒動」が労働者の、一七年六月頃からの賃上げ騒擾（争議・暴動）と居住区消費者運動で始まっていたことは確かである。「米騒動」が最も激化したのはシベリア出兵開始期一八年八月だったが、始まりは一七年六月からだったということである。

2　「米騒動」の真の原因が判明

（1）第一次原因は一七年春から、シベリア出兵開始の一八年夏は二次的投機による

「米騒動」が最も激化したのがシベリア出兵開始期一八年八月だったことは事実であるが、その一八年八月初めの時点ではまだ僅かな先発隊しか動いておらず、その何十倍・何百倍もの兵力が動いた日清・日露の開戦時にもこのような米価騰貴・米騒動など全く起こっていない。しかもシベリアへの軍用米は全て植民地朝鮮のものを運び出したので、本土には兵士が食べるはずだった分が余っていたはずである。だからこの騰貴は純粋に投機的なもの、つまり既に前から騰貴していたところへ、「それ、今度は戦争！」というので生じた二次的効果に他ならない。実質米価騰貴率の図Ⅶ－2を見ても、一七年春から急上昇して二〇年春まで一貫する長大な台の上に載った、二階建て騰貴になっている。したがってその一七年春から二〇年春まで一貫する長大な騰貴こそが、第一次大戦末

「米騒動」の真の原因だったことになる。

第一次大戦というものが日本に何をもたらしたかを具体的に考えてみる必要がある。帝国主義世界体制でもそれまでと異なり、この時期には欧州列強の本土が戦場になっていたから、そこへの軍需品その他の輸出が急増した上に、彼らは世界市場支配から手を抜かざるを得ず、米日などに未曽有の貿易黒字が生じ（後発近代化の国々にも民族資本が成長し）た。しかしそれが物価高・米価騰貴になったことには別に理由があった。貿易黒字で拡大再生産すれば国内消費の分も生産できるはずだし、米などの輸入に使えるのだから、騰貴するはずがないからである。そして将にここでこそ、日本近代の構造的特質を考えねばならない。

(2)「上からの近代化」ゆえに遺る旧構造のため貿易黒字が金余りに転じ投機横行

維新が「上からの近代化」で産業革命が移植的だった日本では、製造機を英米などからの輸入に頼ってきていたから、戦時でそれが輸入できなくなると拡大再生産が頭打ちになって金余りになり、投機横行で物価騰貴になった。そしてその際最も騰貴したのが米だったのは、地主たちが取り上げた小作米をできるだけ高く売れるよう米に輸入に関税をかけさせていたからであった。封建貢租にも近い高額小作料を、しかも現物で納めさせる前近代的地主制もまた、「上からの近代化」ゆえに遺された旧構造だったのである。

製造機を輸入に頼ってきていたことについては、例えば石井寛治はこう書いている[3]。「日本の産業革命は産業部門ごとの発展が不均衡であり……。（日本の）産業革命が終了したころの資本主義的生産の状態は、繊維工業と鉱山業に五〇〇人以上の大規模作業場が数多くみられ、賃金労働者（職工・鉱夫）も両分野に集中していた。これらの分野の労働は比較的単純なため、低賃金労働者が豊富な後進国日本は有利な位置にあった。これに対して、重工業（＝金属・機械工業）のように多額の投資設備と熟練度の高い労働者が必要な分野は、なかなか発展できなかった。……日本の機械工業はせいぜい修理を担当する程度であった」。そのため「急成長を遂げた綿糸紡績」でも「必要とする紡績機械をもっぱらイギリスから輸入していた」。他の諸部門での状況についても内田星美[4]が示しているが、これが高橋亀吉[5]・橋本寿朗[6]の示すように投資制約問題を生じ、武田晴人も示すように「投資資金が遊休化し、〈金あまり〉現象を来した[7]」のであった。

このように製造機を輸入に頼り続けてきた産業革命の移植性も、高率の現物地代で取り上げた小作米が高く売れるように米輸入関税をかけさせている前近代的地主制も、「上からの近代化」ゆえに残っていた旧構造にほかならない。したがって一九世紀後半の外圧下に「上からの近代化」で済ましたゆえの旧構造が、その外圧の後退期に生じた大貿易黒字との矛盾を拡大したのが、「米騒動」の第一次的原因だったのである。

第一次大戦後デモクラシー（盛期大正デモクラシー）の外因は、大戦の主戦場が世界を支配してきた欧州だったため、維新期以来の外圧が最大後退したことにあり、それが「上からの近代化」で済ましてきた故の旧構造との矛盾を拡大することにもなって、「米騒動」という労働者階級の主導する

「下からの近代化」をもたらしたのである。

3　第一次大戦末「米騒動」の構造と時期区分

（1）本土での大戦末米騒動の三つの構成要素

日本近代米騒動のうち、「上からの近代化」で産業革命・諸制度の移植で生まれた労働者による「賃上げ騒擾」・「居住区消費者運動」をそれぞれ「A」・「B」、近世類似の「賃上げ型」・「街頭型」をそれぞれ「a」・「b」、bのうち歴史的特徴の濃い区域の街頭型を「b^1」、米産地の移出反対の街頭型を「b^2」と名付けよう。

第1部第7章で図Ⅶ－2の下欄に書かれた三本の棒線を見よう。大消費（移入）地帯を中心に起こる①賃上げ騒擾〈A＋a〉と、②街頭騒擾〈B＋b^1〉、③米産地の移出反対の街頭型〈b^2〉が、第一次大戦末米騒動の本土での三つの構成要素である。①②が米価騰貴の全期間（一七年端境期〜二〇年春）を一貫し、その後も労働運動・部落解放運動・購買組合などとなって続くのに比して、③米産地の津止め（移出反対）街頭型b^2は後ればせに一八年後半だけに現れ、その年内に終わって永久に消滅する。米移出地帯に遺る近世来の街頭型の終焉期を見ていたに過ぎないからであるが、そのb^2・b_1だけを「本来の米騒動」と誤っていたのが井上・渡部編『米騒動の研究』だったのである。

棒線①賃上げ騒擾に黒線で書き込まれているのは暴動化した工場・炭坑などの名で、二階建て奔騰期一八年八、九月には数が多すぎるので帯状に一括して造船所群・工廠群・炭坑群と書いてある。舞鶴・呉の軍工廠、神戸三菱造船所、宇部・北九州の炭鉱などでは、労働者が市街を巻き込む形で暴動化した。この奔騰期には棒線②の街頭騒擾も暴動化する。

(2) 時期区分とその特徴

全期間(一七年春から二〇年春)を三期に分け、特徴を見ておくことが有用である。

第Ⅰ期:実質米価率(図Ⅶ－2)が急騰しだす一七年春から一八年七月までの一年余。その末期に実質米価が二階建てに奔騰し始める。国際的には中・東欧の食糧騒擾が市民戦争化し、ロシア革命で内戦化したシベリアへの日米共同出兵の交渉が始まる。

第Ⅱ期:一八年八月初め～同年末の実質米価が二階建て最高値にあるシベリア戦争開始期。消費者運動・賃上げ騒擾が街頭化する市民戦期。寺内内閣が崩壊して最初の政党内閣(原敬首相)が成立する一方、右翼暴力・無法裁判が行われ、大戦が終わる。

第Ⅲ期:一九年初め～二〇年春(戦後恐慌で物価崩落)。普選運動・労農運動・女性運動・部落運動など全民主主義運動が活気づき、朝鮮に三・一運動、中国に五・四運動が広がる。米価が図Ⅶ－2に見るようになお高く、恐れた原敬内閣が大陸沿岸一帯で米を買い漁ったため、中国抗日阻米、東南アジアに米騰・餓死が広がる国際化の時期。

図Ⅶ－2の欄外底辺には朝鮮・台湾・中国の米騒擾も書き込まれている。

本章で述べた内容は偶然頼まれた成田市平和委員会での二〇一五年一〇月の講演で初めて話し、ついで日本科学者会議東京支部で講演し（二〇一五年一二月）、「しんぶん赤旗」（二〇一七年一一月一五日）に書き、前掲二〇一八年拙著として出版した。

註

（1）『水橋町（富山県）の米騒動』桂書房、二〇一〇年。その評は斉藤正美『歴史評論』二〇一一年八月、コリン・スロス『富山史壇』同年一二月に見られる。
（2）『蟹工船から見た日本近代史』新日本出版社、二〇一〇年。
（3）『日本大百科全書』の石井筆「日本産業革命」の「発展のアンバランス」の節。
（4）内田星美「技術移転」の4節「機械輸入と外資提携」（西川俊作・阿部武司編『産業化の時代 上〈日本経済史 4〉』岩波書店、一九九〇年）。
（5）高橋亀吉『大正昭和財界変動史 上巻』東洋経済新報社、一九五四年、七九頁。
（6）橋本寿朗「重化学工業と独占――一九一〇年代末「独占体」確立説の方法上の問題」（『社会科学の方法』御茶の水書房、一九七八年五月、一〇七頁）。
（7）石井寛治・原朗・武田晴人『日本経済史 3 両大戦間期』東京大学出版会、二〇〇二年、五頁。

おわりに　「米騒動」百周年活動の報告を兼ねて

「米騒動」百周年研究会は、一九一七年端境期に最初に激化した北九州から始めて、東京・静岡・大阪と回を重ね、報告集を『米騒動・大戦後デモクラシー百周年論集』Ⅰ・Ⅱ（集広舎、二〇一九年三月・一一月）として出版した。この論集の立場は、第Ⅰ集の巻頭論文「一〇〇周年・一五〇周年を迎えた『米騒動』と『維新』の内的関係」に要約されている。「米騒動」をどう扱っているかはその人の歴史観を見せると、片山潜の「米騒動」研究の継承者、長谷川博が述べた言葉はこの百周年期にこそ思い出されねばならない。地域ナショナリズムに媚びたり、商業主義で歴史を曲げることはもとより、近世来の街頭型だけを見る狭小な視点をも脱して、世界史のなかで日本近代を見る大道に立ってこそ、「米騒動」は見えてくる。

日本の米騒動は（殊に日清戦争以後は）労働者階級が主導する（賃上げと居住区消費者運動が一体の）近代型に変わっていたにもかかわらず、片山潜のような生涯を労働運動に捧げた人物に依ってしか気付かれず、彼が日本に帰らずに亡くなったために、「米騒動」百周年近くまで半世紀以上も気付かれずにいた。これには米に余裕のある移出地帯である富山県の移出反対の街頭騒擾が遅ればせにシベリヤ出兵開始期近くに起こって「米騒動」の火元と誤認されたことや、京都など歴史性の強い地域に注目していた井上清などの『米騒動の研究』が街頭騒擾だけを「本来の米騒動」とする誤った定義をしたことが関わっている。石高制下で、米の換金率を高く保つ役割を負わされた各藩特権商人を打毀すことが中心だった近世米騒動の「常識」が働いていたが、「維新」という「上からの近代化」で生まれた労働者階級が近代米騒動を主導するように替わっていたのである。

【付記】

米騒動の全国的な研究史資料、明治期米騒動の新聞記事集・文献集を法政大学大原社会問題研究所に寄贈したので活用していただければ幸甚である。

【著者略歴】

井本三夫（いもと・みつお）

1930年生まれ。元・茨城大学理学部教授。

主要著作：『北前の記憶』（桂書房，1998年），『図説 米騒動と民主主義の発展』（共著，民衆社，2004年），『米騒動という大正デモクラシーの市民戦線――始まりは富山県でなかった』（現代思潮新社，2018年），『米騒動・大戦後デモクラシー百周年論集』Ⅰ・Ⅱ（編集，集広舎，2019年）

［連絡先］

住所：神奈川県藤沢市石川6-25-3-406号室

E-mail：imotomt@yahooo.co.jp

米騒動・大戦後デモクラシー百周年論集 Ⅲ

世界の食糧騒擾と日本の米騒動研究

2022年2月7日　第1刷発行

著　者　井本三夫

発行者　川端幸夫

発　行　集広舎

〒812-0035 福岡市博多区中呉服町5番23号

電話 092(271)3767　FAX 092(272)2946

制　作　図書出版花乱社

印刷・製本　モリモト印刷株式会社

ISBN978-4-86735-022-5